어느 혁명가의 삶
1920~2010

어느 혁명가의 삶
1920~2010

허영철 원작 | 박건웅 만화

보리

여기, 이 사람

이 책은 허영철 선생의 《역사는 한 번도 나를 비껴가지 않았다》를 박건웅 작가가 만화로 그린 작품이다. 우리는 보통 위인전을 통해 한 사람의 생애를 들여다보지만, 허영철 선생은 흔히 말하는 '위인'과는 거리가 먼 분이다. 한국 사회에서 가장 위험하다는 빨갱이 가운데서도 골수 빨갱이였고, 국가와 사회가 가장 오랫동안 격리시킨 비전향 장기수였다. 그럼에도 선생의 삶은 우리에게 묵직한 감동을 준다.

나이 서른 여섯에 감옥에 들어가 일흔 두 살에 옥문을 나섰으니, 36년 세월을 감옥에서 보냈다. 말이 36년이지 그 기간은 우리 민족이 일제의 지배를 받았던 것과 똑같은 시간이다. 영화나 문학 작품에서 감옥에 오래 있었던 사람을 그린 대표 작품으로 《몬테 크리스토 백작》이나 《빠삐용》을 꼽을 수 있다. 그런데 《빠삐용》은 겨우 11년, 몬테 크리스토 백작은 14년을 감옥에서 보냈을 뿐이다. 세계에서 가장 유명한 장기수였던 남아프리카의 넬슨 만델라 대통령도 허영철 선생에 견주면 9년이나 짧은 27년을 징역살이했다. 한국의 비전향 장기수들은 전세계에서 가장 징역을 오래 산 분들인데, 그중 가장 길게 징역을 산 김선명 선생은 허영철 선생보다 또 9년이 긴 45년을 살았다. 분단된 나라 한국에서만 볼 수 있는 비극이다.

팔팔한 삼십대 젊은이였던 허영철은 칠십을 훌쩍 넘긴 노인네가 되어 바깥세상으로 나왔다. 그동안 바깥세상은 '천지개벽'이란 말이 어울릴 정도로 엄청나게 변

했다. 만화 첫 장면에 잘 나와 있지만 50년대에 감옥에 들어가 90년대에 바깥으로 나왔을 때, 허영철은 전화도 걸 줄 모르고, 지하철도 탈 줄 모르는 이방인이었다. 그런 허영철이 가슴에 묻어 놓은 말을 박건웅 작가가 그림으로 옮겼다.

큰 기대를 걸었던 3·1운동으로 독립을 쟁취하지 못하자, 독립운동가들 중에는 자주독립에 대한 신념을 잃어버린 사람들이 제법 나오기 시작했다. 일제가 만주마저 집어삼키고 중국 본토까지 침략하자 민족주의자들은 거의 다 독립운동을 포기했고, 이들 중 다수는 부끄러운 줄 모르고 친일 행위를 시작했다. 1930년대 중반이 되면 지식인이나 민족주의자들은 독립운동선상에서 사라지고, 독립운동은 거의 사회주의자들이나 밑바닥 노동자와 농민의 몫이 되었다.

해방 후 전국 각지에는 자발적으로 인민위원회가 수립되어 새 나라 건설을 위해 바쁘게 움직였다. 이 발 빠른 움직임은 암흑기처럼 보이는 1940년대 전반기에 민중들과 사회주의자들 속에서 일제의 패망을 예감하고 독립을 준비하는 역동적인 힘이 있었기 때문에 가능했다. 해방 후 사회주의가 인기를 끌었던 것도 당시 대중들이 사회주의 이념을 잘 이해해서라기보다도, 독립운동을 주도했던 사회주의자들을 대중이 더 따랐기 때문이다. 그러나 미군정은 당시 조선사람들이 꿈꾼 나라보다는 미국이 바라는 나라를 한반도 남쪽에라도 세우려고 했다. 미국은 그 목적을 실현하기 위해 친일파들을 수족으로 부리기 시작했다. 2차 세계대전 후 식민지 상태를 벗어나 독립을 이룬 수많은 나라 가운데 제국주의에 협력한 자들이 핵심 집권세력이 된 경우는 남베트남과 한국뿐이었다. 두 나라 모두 외세에 의해 허리가 잘린 나라였다.

세계 최강 미국, 미국의 지원을 받으며 국내의 물적 자원을 독점한 친일파를 대상으로 한 민중들의 싸움은 힘겹게 전개되었다. 1948년 대한민국 수립 이후 정부는 이른바 보도연맹을 만들어 좌익 진영에 몸담았던 사람들을 강제로 전향시켰다. 정부는 이들이 대한민국에 충성을 맹세한다면 과거를 묻지 않겠다고 했다. 그러나 한국전쟁이 발발하자 보도연맹원 수십만 명이 군과 경찰, 우익 청년단체에 의해 학살되었다. 보도연맹원 학살과 1970년대의 강제 전향 제도는 일제가 우리 민족에게 남기고 간 더러운 유산이 친일세력에 의해 잔혹하게 부활한 사례였다. 일제는 조선의 사상범을 모아 두었다가 소련과 전쟁을 시작하면 모두 다 처치하려 계획했는데, 갑자기 항복하게 되어 이 계획을 실행하지 못하였다. 친일파들은 일제에게 물려받은 이 계획대로 사상범들로 보도연맹을 조직했다가 전쟁이 터지자 이들을 학살한 것이다. 비전향 장기수는 이런 쓰라린 역사 경험 속에서 태어난 존재였다.

　1920년에 태어난 허영철은 백여 명의 비전향 장기수들 중에서는 조금 나이가 많은 편이다. 비전향 장기수의 다수는 일제시대에는 사회주의를 접하지 못하였다. 그런데 허영철은 일찍부터 노동으로 잔뼈가 굵었으며, 일본에 건너가 탄광에서 노동을 하며 사회주의를 접한 보기 드문 존재였다. 농민들의 좁은 세계에 머물지 않고 넓은 세상에서 노동과 새로운 이념으로 단련된 허영철은 해방 후 고향 부안에서 남로당에 가입하고 조선민주청년동맹인 대중단체의 조직 활동에 앞장섰다. 탄압이 심해지자 북으로 올라갔던 허영철은 전쟁이 일어나자 다시 고향으로 돌아와 부안군 인민위원회 위원장으로 선출되었다. 미군의 인천상륙작전 이후에는 빨치산 활동을 하면서 북으로 후퇴했다. 북에서 당 간부학교 교육을 받고 장풍군 인민위원회 부위원장으로 일하다가 당의 소환을 받고 1954년 7월 대남공작원으로 남파되었다가 1년 만에 검거되었다.

　원작의 제목《역사는 한 번도 나를 비껴가지 않았다》가 암시하듯이 허영철은 참으로 굴곡진 인생을 살았다. 이 책은 역사의 큰 물결이 한 개인의 삶 속에 어떤 지워지지 않는 흔적을 남기는지를 잘 보여 준다. 그가 생생하게 겪은 일들은 역사책에 잘 나오지 않거나 나와도 온전한 모습이 제대로 드러나지 않은 채 일부분만 기술된 것이 대부분이다. 이 책의 내용들은 틀림없이 한국 사회가 받아들이기 어려운 내용이다. 그러나 허영철이 담담하게 풀어나가는 이야기 속에는 누구도 거부하거나 부인할 수 없는 힘이 실려 있다. 허영철이, 그리고 그가 차마 잊을 수 없는 수많은 동지들이 이 책에 깔려 있는 입장을 위해 삶과 죽음을 모두 걸었기 때문이다.

나는 독자들이 이 책이 주는 불편함을 있는 그대로 받아들이기를 권한다. 불편한 진실과 마주설 수 있는 자만이 오늘 우리의 모순된 현실을 고쳐 나갈 수 있다.

친일파와 그를 이어받은 독재자들은 정말 부끄러움을 모르는 자들이었다. 양심도 없고, 사상도 없고, 민족도 없는 자들은 오직 개인의 이익만을 좇았을 뿐이다. 그런 자들이 권력을 쥐고, 사람들에게 사상전향을 강요했고, 반성문과 준법서약서와 온갖 각서를 쓰라고 다그쳤다. 이른바 민주인사들조차 붙잡혀갔다 풀려날 때면 '그까짓 종이 한 장' 하며 반성문이나 각서에 이름 석 자를 쓰곤 했다. 그런 한국에 수십 년 동안 잊혀졌던 비전향 장기수들이 모습을 드러낸 것이다. 양심의 자유니, 사상의 자유니 하는 것은 그저 헌법 속에나 머물러 있던 사치품이었다. 그런데 비전향 장기수들은 사상의 자유와 양심의 자유가 갖는 무게를 한국 현대사 속에 되살려냈다.

2000년 6·15선언으로 비전향 장기수의 북송이 이뤄지면서 대부분의 장기수들이 북쪽으로 건너갔다. 강제 전향의 압박 속에서 장기수들이 신념을 지킬 수 있었던 힘의 원천은 휴전선 저편에 공화국이 있었던 데서 찾을 수 있다. 그런데 허영철은 북으로 가지 않고 아내와 자식과 고향이 있는 남쪽을 택했다. 북에 돌아간 장기수들은 북쪽 당국으로부터 영웅 대접을 받지만, 남쪽에 남은 장기수들의 생활은 궁핍하기 짝이 없다. 일제 36년과 맞먹는 수감생활, 그리고 또 20년이란 세월이 흘러 허영철은 이 만화를 통해 우리와 만나려 하고 있다. 그는 이 이야기를 들려주기 위해 여기 남은 것이다.

한홍구 성공회대 교수

차례

여기, 이 사람 · 4

1부 노동자의 길

1장　귀향 1991 · 17

2장　그때는 다 그렇게 살았어요 1920~1945
　　　나 살던 고향 · 67
　　　손가락을 잃고 어른이 되다 · 79
　　　하얀 앵속꽃 · 102
　　　가가야와 공산당 선언 · 121
　　　조선 독립의 초석이 되자 · 148

3장　나는 자랑스러운 노동당원이다 1945~1950
　　　해방된 조국 · 183
　　　찬탁과 반탁 · 197
　　　분단의 먹구름 · 240

2부 혁명가의 길

4장 나는 전쟁의 한가운데에 있다 1950~1952
전쟁의 시작 · 305
서울을 지켜라 · 329
삶과 죽음 사이 · 349
고난의 행군 · 371
고향 까마귀만 봐도 반갑다 · 403
장풍군 · 418

5장 영웅과 간첩 1952~1955
금강학원 · 467
여기와 거기 · 497

6장 역사는 한 번도 나를 비껴가지 않았다 1955~1991
안에 있는 사람과 밖에 있는 사람 · 555

작가의 말 · 622
추천하는 말 · 626

1부 노동자의 길

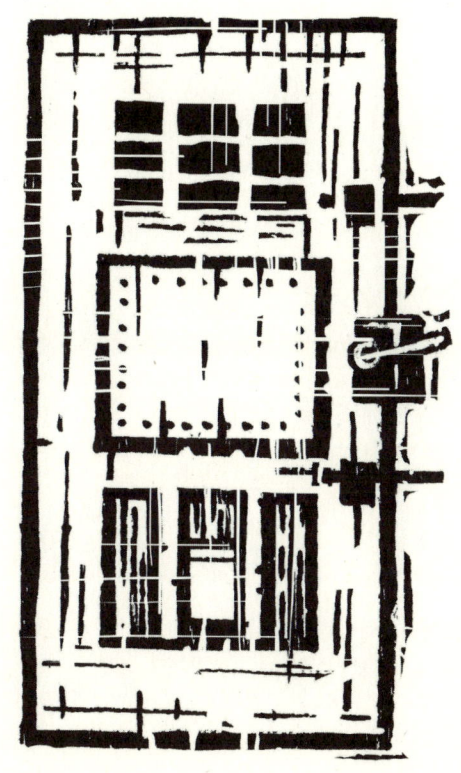

동지애 – 독방 37년 74세 허영철
1993. 10. 이기형

워낙 장골인데도
죽임 풍상을 헤치노라
허리는 꾸부정
머리칼은 빠졌고
얼굴엔 굵은 주름이 패였다
묵직한 표정

일본 토건 노동판에서 잔뼈가 굵으며 사회주의에 눈떠 귀국하자 해방 조국의 한복판에 뛰어들었다 격랑 따라 남과 북에서 뜻을 펴다가 잡혔다 "가장 견디기 어려웠던 고문은?", "구타, 비행기, 물, 전기 따위는 그런대로 견딜만 헌디요 방독면 고문만은 참 어려워……." 까무러쳤다 깨고 까무러쳤다 깨고 이승과 저승을 오락가락했다는 말투는 느릿느릿했지만 뜻은 똑했다 "자지에 꼬챙이를 넣고 비벼대는 건 아픔보다 인격모독이어서 못참겠더라오." 시무룩 웃는다 "옥살이에서 가장 명심한 점은?", "조직과 개인에게 피해를 주지 않겠다는 것이었제." 통방하다 들켜도 제 탓이라 고집했다.

머리를 드니
호남벌 황금 벼이삭은 너울너울 춤춘다.
분단의 아우성은 귓전을 때리고

이기형 시집 《산하단심》에서

나는 수감된 지 36년이 지나서
1991년 2월 25일에 출소했다.

1장 귀향(1991)

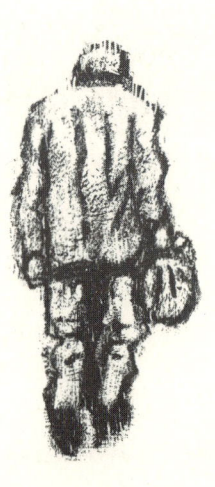

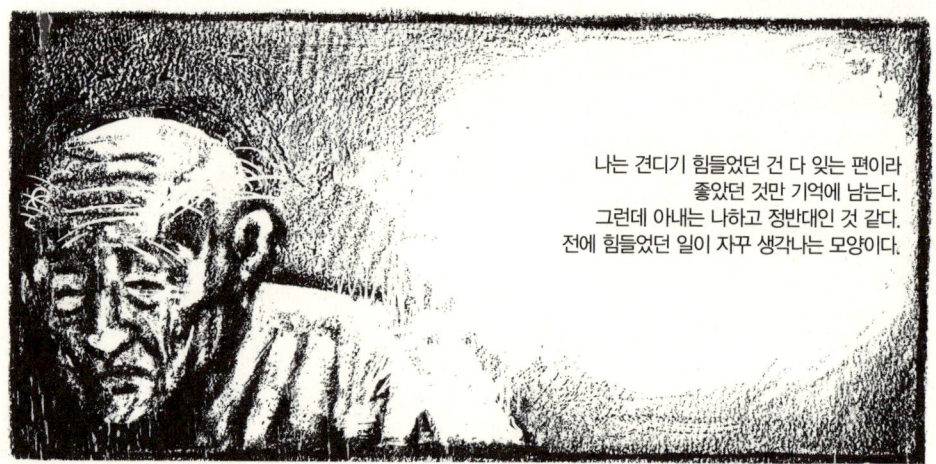

그래도 다행한 것은 아내가 나를 정치적으로
잘못했다고 하지는 않는다는 것이다.
지금도 다른 사람들과 의견이 부딪칠 때면
가차 없이 내 편을 들어준다.
아마 나를 믿기도 했을 테고
살면서 나와 닮아가는 것도 있으리라.

출소하고 처음 집에 왔을 때
아내는 내가 방에 있으면
밖에서 서성거리며
들어오려고 하지 않았다.
한 열흘쯤 지나니까 차츰 익숙해졌다.
솔직히 나야 급할 것도 없었다.
일단 나는 집에 들어왔으니
내 발로 나가지는 않을 것이고
그렇다고 아내가
나가지도 않을 테니까.

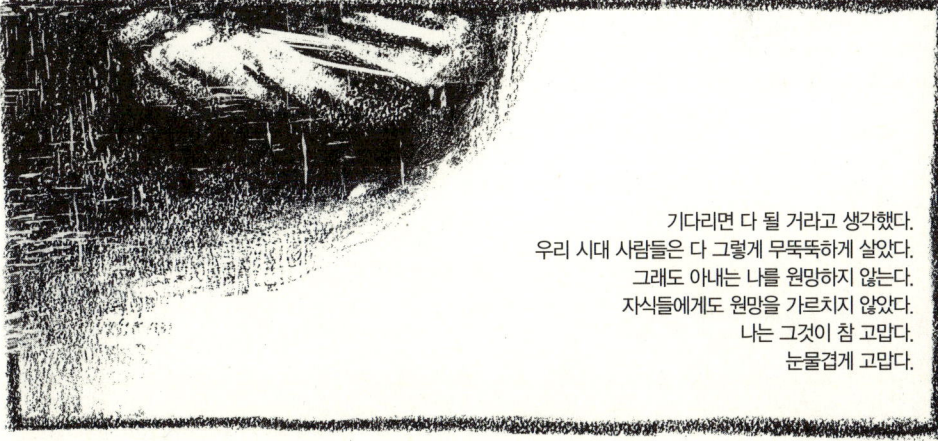

기다리면 다 될 거라고 생각했다.
우리 시대 사람들은 다 그렇게 무뚝뚝하게 살았다.
그래도 아내는 나를 원망하지 않는다.
자식들에게도 원망을 가르치지 않았다.
나는 그것이 참 고맙다.
눈물겹게 고맙다.

솔직하게 말해서
남편을 다시 만나게 될 거라고
한 번도 생각해 보지 않았다.
남편이 죽고 나면 그때는
내가 거두게 되겠지 싶은 마음에
삼베옷(수의)도 미리 만들어 놓았다.

그렇게 살고 있었는데
어느 날 갑자기 형무소에서 나온다는 것이다.
덜컥 무서웠다.
이제는 나 혼자 살아갈 수 있다고
마음 다잡으며 살고 있는데
내 생활이 그만 무너지는 것 같기도 했다.
우리 세 식구가 몸둥이 하나로
살아온 세월이 떠올라 분한 마음도 들었다.

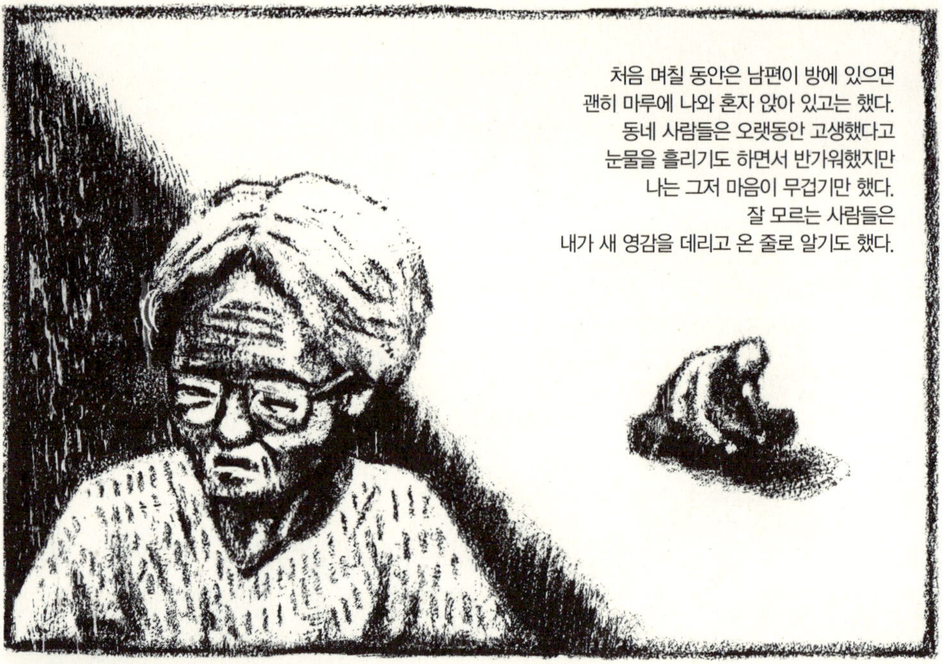

처음 며칠 동안은 남편이 방에 있으면
괜히 마루에 나와 혼자 앉아 있고는 했다.
동네 사람들은 오랫동안 고생했다고
눈물을 흘리기도 하면서 반가워했지만
나는 그저 마음이 무겁기만 했다.
잘 모르는 사람들은
내가 새 영감을 데리고 온 줄로 알기도 했다.

살아온 세월을 말할 때면 가슴이 덜덜 떨린다.
지금은 그래도 많이 나아졌다.
옛날에는 감옥에서 온 편지만 봐도
손이 후들거려서 펼쳐 읽지를 못했다.
남편 생각을 하면 밥 먹다가도 숟가락을 떨구고
넋이 나간 사람처럼 앉아 있었다.
한번은 아궁이에 불을 지피는데
정신을 놓고 앉아서 불이 번지는 줄도
몰랐던 적이 있었다.
그래서 나는 면회도 자주 못 갔다.

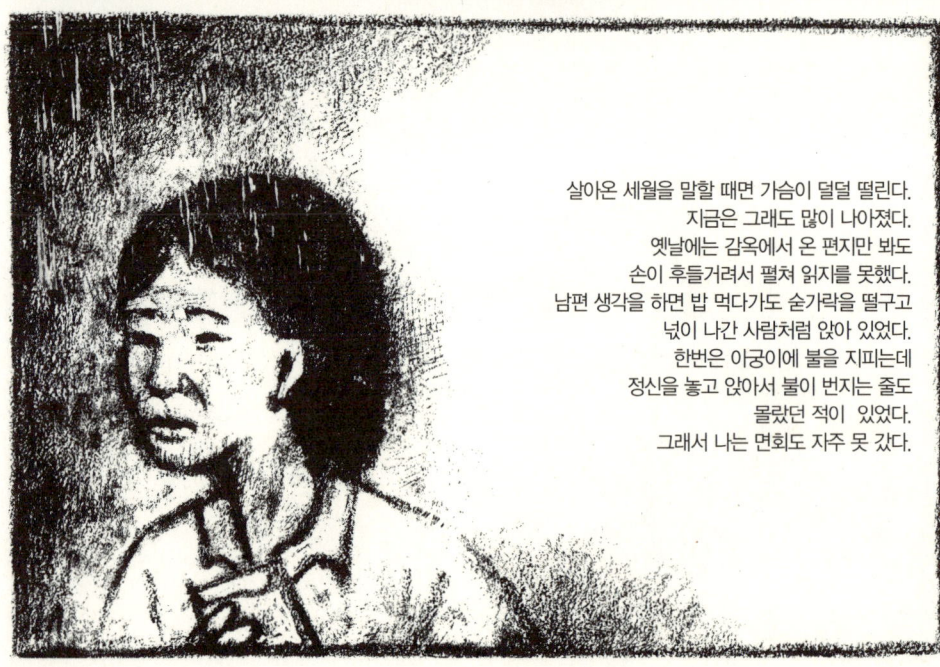

결혼하고 나서 남편과 부부로 지낸 시간은 다 합쳐 봐야 여섯 달이나 될까 싶다.
아들이 태어난 것도 남편이 경찰을 피해서 숨어 다니던 시절이었다.
차라리 집에서 먼 곳에서 활동하는 게 나을 것 같아서 내가 등 떠밀다시피 했다.
가까운 곳에 있으면 불안하기도 하고 무섭기도 해서 함께 살 수가 없었다.

그러니 내가 뭐든 해야 했다.
나는 무척 내성적인 성격이지만
먼저 장사부터 시작했다.
식구들을 데리고 먹고살아야 하니까.
이것저것 물건들을 들고 이고 하루 육십 리 길을 걸어다녔다.
하루는 집에 가보니 통일촉진대가 들이닥쳐서
수색을 한답시고 온 집안을 다 헤집어 놓고 가 버렸다.
도저히 방에 들어갈 엄두가 안 났다.
이사만 서른 번 넘게 다녔던 것 같다.
내가 흘린 눈물만 다 모아도
몇 동이는 되고도 남을 거다.

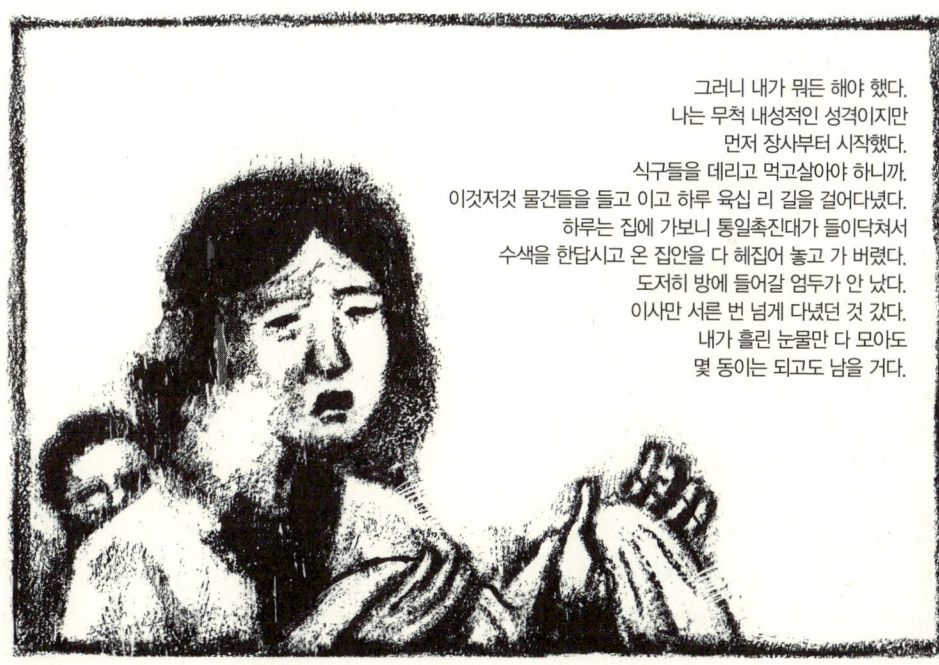

노동자의 길 51

사람 마음이라는 게 참 이상하다. 젊었을 때니 서른을 넘겼을 때인 것 같다.
집을 수리해야 해서 동네 사람한테 부탁했다. 낮엔 장사하느라 몸이 지칠 대로 지쳤는데도
마음속에서 이상한 기분이 느껴졌다. 일해 주러 온 남자 때문인 것 같았다.
같은 지붕 아래 남자와 함께 있다고 생각하니까 가슴이 쿵쾅쿵쾅 하는데,
내 마음에 내가 다 놀랐다.

그래서 이거 도저히 안 되겠다 싶어
몸이 안 좋으니 일을 그만하고 가라고 했다.
어느 누가 내 마음을 알고 있는 것도 아니었다.
될 수 있는 대로 사람을 피하면서 살다 보니 그랬던 걸까.
아무튼 젊은 시절 내 마음에서는
그런 이상한 일이 생기기도 했다.

아이들도 마음고생이 많았다.
서울대학교 병원에서 간호사로 일하던 딸이
경찰들이 자꾸 찾아오고 하니까 사표를 던지고 내려왔다.
아무 말 없었지만 딸도 많이 답답했을 거다.
그나마 나중에 복직하였고 지금은 결혼해 미국에서 산다.

아들한테는 일마다 조심하라고 다짐한 게
한두 번이 아니다. 그런데 피는 못 속이는지
자꾸만 법대에 가겠다며 고집을 부렸다.
서울에 가서 대학 시험을 쳤지만 떨어졌다.
결국 전북대학교 정치외교학과에 갔는데
대학을 졸업하고 나서도 5년을 놀았다.
신원조회에 걸리니 어쩔 수가 없었다.
다행히 지금은 학교에서 아이들을 가르친다.

남편은 좀 무심한 편이었다.
인공 시절, 부안에서 활동하고 있을 때였다.
더운 여름이라 목욕을 하고 방으로 들어갔더니
갓난아이 옆에 누워 있는 게 보였다.
피곤했던 모양인지 벌써 잠이 든 듯했다.
미숫가루를 타서 들어갔는데 자고 있는 걸 보니 괘씸했다.

옆에 누워 뒤척거리다 잠이 들었는데
새벽에 벌떡 일어나더니 다시 나갔다.
우리는 40년 뒤에야 다시 만났다.

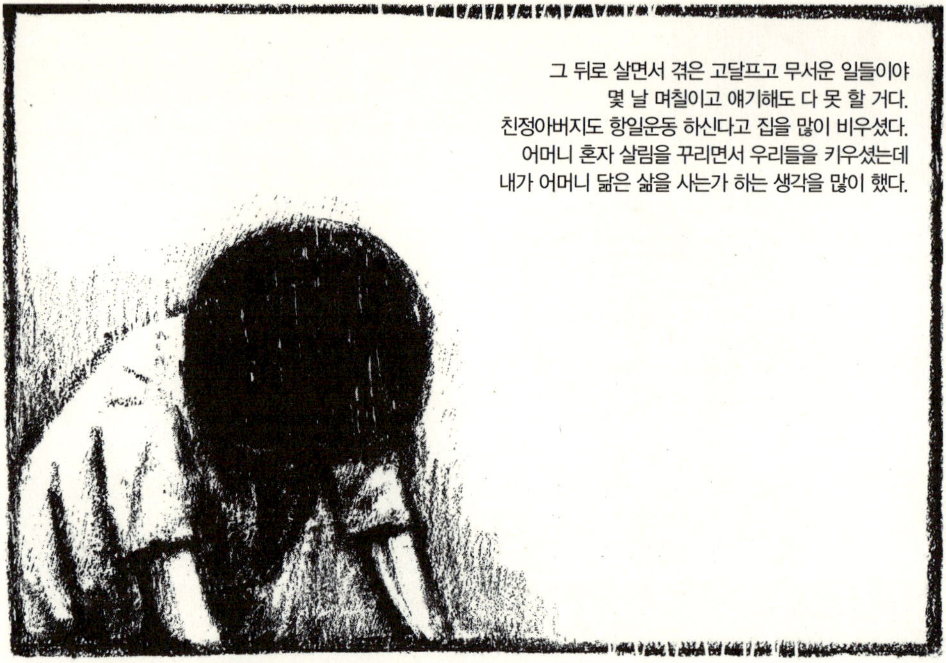

그 뒤로 살면서 겪은 고달프고 무서운 일들이야
몇 날 며칠이고 얘기해도 다 못 할 거다.
친정아버지도 항일운동 하신다고 집을 많이 비우셨다.
어머니 혼자 살림을 꾸리면서 우리들을 키우셨는데
내가 어머니 닮은 삶을 사는가 하는 생각을 많이 했다.

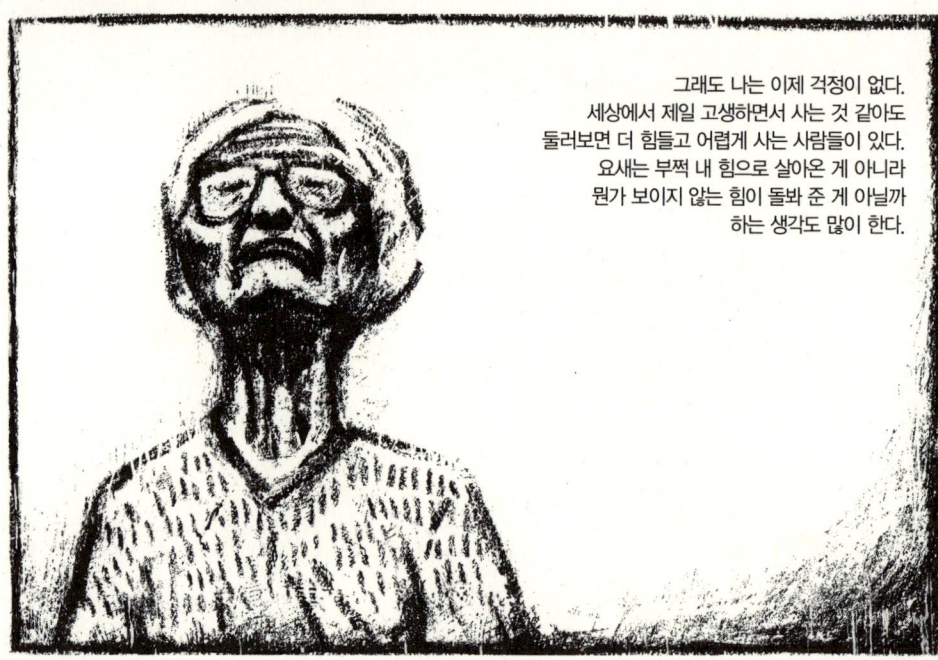

그래도 나는 이제 걱정이 없다.
세상에서 제일 고생하면서 사는 것 같아도
둘러보면 더 힘들고 어렵게 사는 사람들이 있다.
요새는 부쩍 내 힘으로 살아온 게 아니라
뭔가 보이지 않는 힘이 돌봐 준 게 아닐까
하는 생각도 많이 한다.

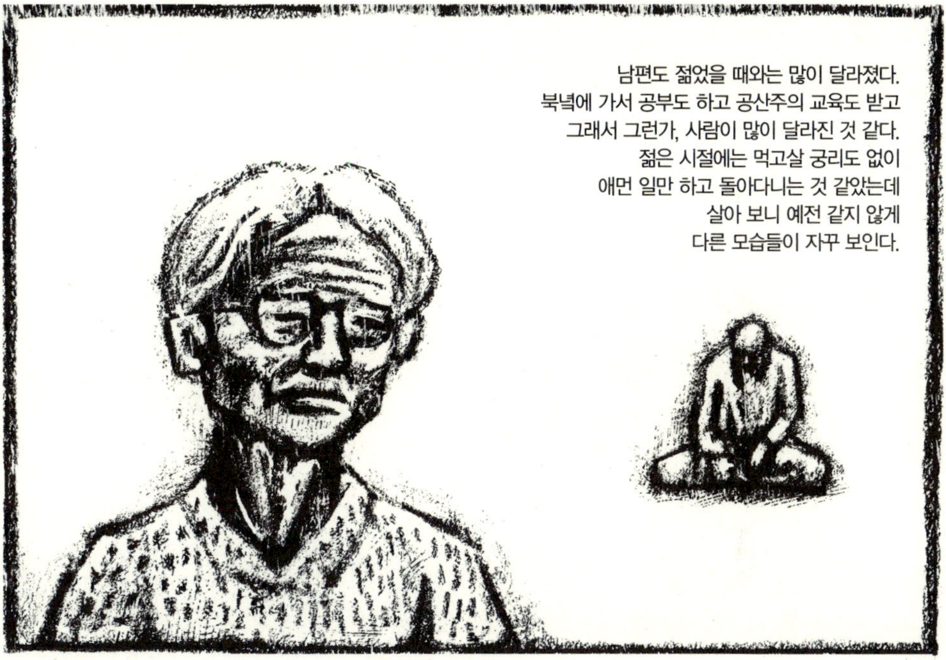

남편도 젊었을 때와는 많이 달라졌다. 북녘에 가서 공부도 하고 공산주의 교육도 받고 그래서 그런가, 사람이 많이 달라진 것 같다. 젊은 시절에는 먹고살 궁리도 없이 애먼 일만 하고 돌아다니는 것 같았는데 살아 보니 예전 같지 않게 다른 모습들이 자꾸 보인다.

도망다니는 걸 지켜본 세월, 감옥에 갇혀 있는 걸 지켜본 세월이 많아서 좋은 기억보다는 나쁜 기억이 문득문득 떠오르는 건 사실이다. 그래도 이 양반을 나쁘다고는 못 한다. 욕심이 없는 사람이니까. 나는 쌀이 한 되 있으면 내일 먹으려고 오늘을 굶는 사람이지만 남편은 더 없는 사람한테 주고 만다. 사람이 욕심이 차면 나쁘지만 남편은 자기 욕심 채우며 살아온 적은 없다. 욕심이 없는 게 나쁜 건 아니다.

남편이 형무소에 있을 때 사회 참관 차원에서 집에 한번 다녀갔는데, 그때 내가 모질고 냉정하게 대했다.
마음속에 꽉 막혀 있던 응어리 때문이었는지 살갑게 대해지지가 않았다.
같이 산 기억들이 많아야 뭐라도 할 얘기가 있고 손이라도 잡게 되는 거니까.

그렇게 돌아가서 마음이 좋지 않았는데
감옥에서 편지가 한 통 왔다. 서로 외롭고 힘든 세월을
살고 있다는 게 느껴지는 편지였다.

읽다 보면 마음이 아프지만
그런 게 또 위안을 줄 때도 있다.

진이 어머니에게.

어제는 여러 가지로 폐를 끼쳐 드려 미안합니다.
가지 말아야 했을 길을 가서 평온한 당신의 마음에 충격을 준
것이 더욱 마음이 아픕니다.
내가 이 세상을 살아온 과정에서 미진한 일이 하도 많습니다.
그러나 그중에서도 가장 내 마음에 자리 잡고 잊을 수 없는 일,
그리고 날이 갈수록 더 깊어지는 일은 바로
당신과의 관계였어요.
가장 가까운 사람이 누구였다면 바로 당신이었어요.
당신과 나 사이에는 어떠한 간격도 없을 것 같았어요.
그러나 결과는 불행한 일생을 당신에게 안겨 주었지요.
그래서 이 세상에 살아 있는 동안 단 한 번이라도
기회가 주어지면, 그것이 당신에게 무의미할지 모르지만
위로라도 해 주고 싶었던 것이 나의 심정이었어요.
그래서 여러 가지 부정적인 면도 고려하면서 관에서 베푸는
호의라도 받아들여서 어제 당신을 만나 보고저 갔던 것이오.
그러나 나의 의도와는 아주 다른 결과가 되었지요.
지금까지 당신에 대한 나의 생각은 당신과는 관계없이

나 혼자만의 생각이었어요.
나에 대한 분노와 원망이 크겠지요.
작년에 교회사께서 당신을 만나 보고
와서 나와 관계를 끊은 지가 이미 옛날이라고
들었어요. 그래도 만나면 이해해 주겠지, 뭐라고 해도 나에게는
가장 가까운 인간이라고 생각했던 것이 어제 대하고 보니
상상외로 실망했어요. 그 원망스럽고 쌀쌀했던 태도에
하고 싶은 말 한마디 못 해 보고 손 한번 못 잡고 돌아섰지요.
나라는 인간은 이미 당신에게 부담을 준다고 생각했습니다.
그러나 당신을 원망할 수도 없다고, 몇 번이나 망설이다가
붓을 들어 나의 심정을 전하려고 쓰니 이해해 주십시오.
당신은 많은 사람에게 있어야 할 귀한 존재이니
부디 건강하시오.

1980. 4. 2
당신이 미워하는 영철

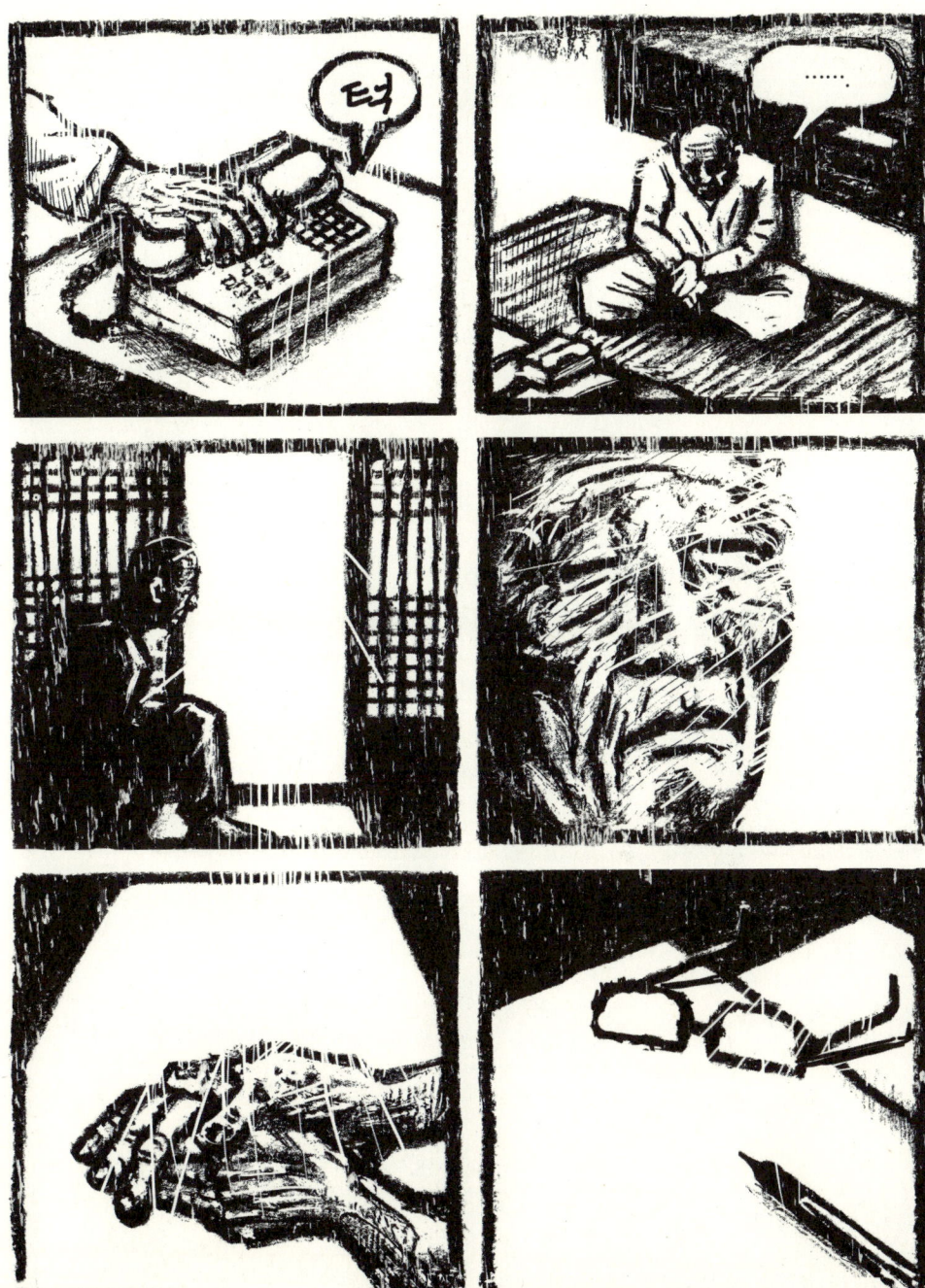

여기가 허영철
선생님 댁이지요?

선생님께서 살아오신
이야기를 듣고 싶어서

이렇게
찾아뵙게 되었어요.

……

2장
그때는 다 그렇게 살았어요.
(1920-1945)

나 살던 고향

1920년 11월 5일 나는 전라북도 보안면 성동에서 태어났어요.

아버지는 허응용, 어머니는 보안면 하립석 반평리에서 시집 온 임씨였어요.

마을 뒤에 산이 있고 토성이 길게 둘러싸고 있어 동네 이름이 성동이었지요.

마을에는 시산 허씨들이 대대로 살고 있었어요. 족보를 보면 고려 말에 이 마을에 왔다고 해요.

우리 집은 대를 이어 농사를 지어 온 가난한 농가였어요.

노동자의 길 **69**

1920년에 계몽운동이 일어나면서 우리가 다니던 학교와 비슷한 학교가 생겼어요.

나는 1학년에 입학했는데 공부는 누구에게도 뒤지지 않았어요.

나이 많은 학생들은 내 뒤통수를 만지면서 놀렸지요.
아야.
고놈, 여기 싸래기가 들어 재주가 있나?

3학년을 마칠 무렵 학교가 문을 닫았어요.

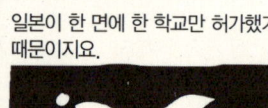
일본이 한 면에 한 학교만 허가했기 때문이지요.

학생들은 대부분 줄포 보통학교로 편입했지만 나는 그럴 형편이 못 되었어요.

줄포 보통학교는 한 달 월사금이 60전이라 했어요. 하루 품삯이 20전이던 때니 학교는 꿈도 꿀 수 없었지요.

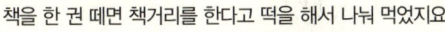

한나라가 세워지고 자리가 잡혀 번성하는데 왜 무신을 없앴는지 훨씬 나중에야 이해했어요.

옛날부터 무신들은 전쟁할 때는 필요하지만 평화로운 때에는 배반할까 봐 없앴던 거지요.

"소군이 옥안장을 스치며 말에 올라 붉은 뺨에 눈물짓누나 [昭君拂玉鞍 上馬啼紅頰]" 하는 구절에서는

엉뚱하게도 우리 누님이 시집갈 때 말 타고 가던 하님*을 생각하기도 했어요.

또 "흉노땅에는 꽃도 풀도 없으니, 봄이 와도 봄 같지 않구나"라는 구절을 읽고

왕소군을 애절하게 여기기도 하고 오랑캐 땅의 삭막함을 생각해 보기도 했어요.

*하님 : 여자 종을 대접하여 부르는 말.

노동자의 길 **75**

화단에는 황매화, 백매화, 불두화, 영산홍, 자산홍, 모란, 작약, 난초 들이 있었어요.

영산홍은 꽃이 질 때 아름답다는 말도 그때 알았고

난초와 잡풀을 구별하는 법도 그때 알았어요.

뒷산 성에 올라가면 성 둘레에 아름드리 소나무들이 늘어섰고

봄이면 진달래가 붉게 물들어
화전놀이 오는 남녀도 많았어요.

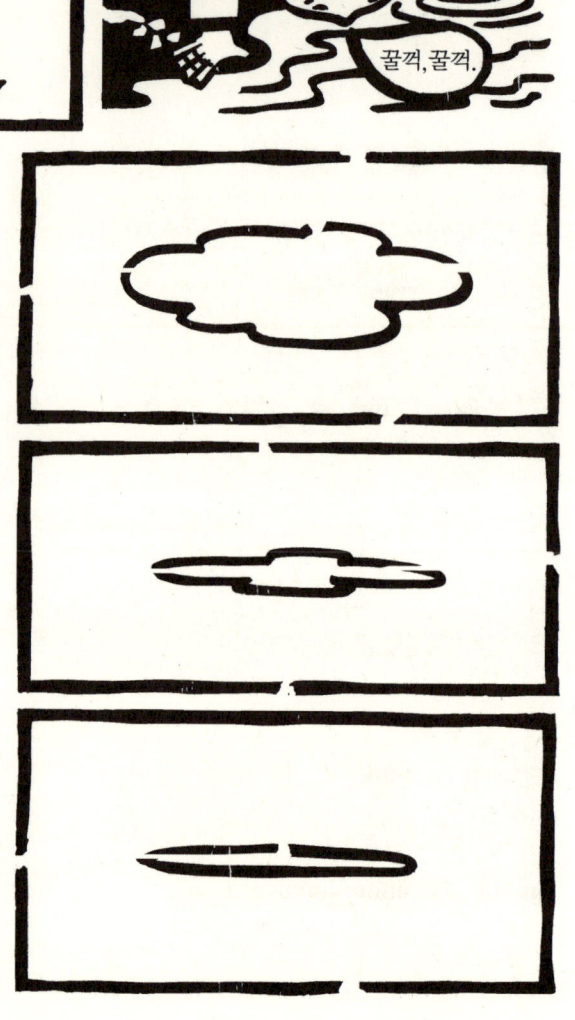

손가락을 잃고 어른이 되다

자유롭고 유쾌했던 어린 시절은 끝나고 책임도 지고 고민도 해야 할 때가 왔어요.

1920년대 말에 들어서면서 우리 사회가 안고 있는 많은 병폐들이 드러나기 시작했어요.

어린 나이였지만 서당에 사람들이 모여서 광주에서 일어난 학생 사건을 심각하게 이야기하는 것을 들은 기억이 나요.

광주에서 학생들이 죽었대.

나도 들었네.

나사일이라는 중년 사내가 불도 켜지 않은 방에서 광주학생사건을 심각하게 고민하던 것도 생각나요.

그 당시 많은 사람이 땅을 팔아 새로운 일본 문화에 빠져들면서 파산하고 있었어요.

향락에 빠져드는 본인들은 모르지만, 옆에서 지켜보는 사람들은 말할 수 없는 허무함과 비참함을 느꼈어요.

천석꾼이니 만석꾼이니 하던 사람들이 몇 해 사이에 폐인으로 변하는 것도 보았어요.

옛날에는 지주와 소작인이 구두로 계약을 했고 소작료도 흉년이 들면 감해 주었지요.

그런데 일제시대 때 계약 제도가 도입되면서 그 관계도 각박해졌어요.

소작계약법은, 3년간 소작을 정하고 보증을 세워요. 소작료를 못 내면 보증인이 내고 3년이 지나면 다시 계약해야 하는데 지주 마음대로 할 수 있게 했어요.

소작료를 감당하지 못한 농민은 소작농에서 고용농으로 떨어져 끼니조차 잇기 힘들었지요.

농번기에는 품이라도 팔아서 연명할 수 있지만

농한기에는 농사일 해 주기로 하고 미리 양식을 얻어다 먹었는데, 이를 '고지'라 했어요.

총독부에서 빈민구제를 한답시고 겨울 동안에 하천개선 사업, 경지정리 사업을 했는데, 이때 영세농들이 많이 동원되었어요.

아침 일찍 일하러 가면 감독이니 십장이니 하는 자들의 행패가 말이 아니었지요.

1920년대 말에서 1930년대까지 곳곳에서 소작쟁의가 일어나 농민항쟁으로 폭발했어요.

1929년 광주학생사건에 이어서 1930년에는 전북농민항쟁이 일어났어요.

전북에서 농민들이 일어나게 된 과정은 이래요.

정읍군과 부안군을 경계로 하는 배수로 개설 공사에 영세농과 고용농이 동원되었는데

공사 길이는 약 4킬로미터였고 몇 년에 걸쳐 농한기에만 했어요.

공사 담당자인 수리조합과 현장 십장들의 횡포가 심해 불만이 많았지요.

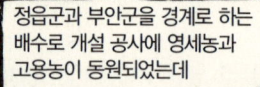

그러던 차에 인부 하나가 현장 십장에게 폭행을 당했어요.

그러자 모두들 한꺼번에 소리를 지르며 일어났어요.

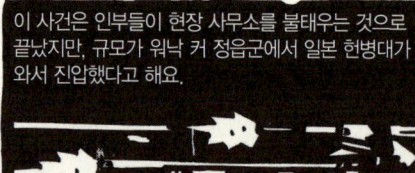

이 사건은 인부들이 현장 사무소를 불태우는 것으로 끝났지만, 규모가 워낙 커 정읍군에서 일본 헌병대가 와서 진압했다고 해요.

이 일로 죽은 사람도 있었지요.

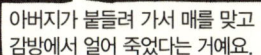

아버지가 붙들려 가서 매를 맞고 감방에서 얼어 죽었다는 거예요.

그 애 아버지의 죽음도 죽음이지만, 깃광목으로 해 입은 상복이 어찌나 측은해 보였던지

지금도 눈앞에 생생해요.

십 년이 더 지나 해방 뒤에 만나 보니 송창훈은 건장한 장정이 되어 있었어요. 고향에서 농민 동맹의 일원으로 활동하고 있었다는데, 그때는 자기 아버지가 왜 죽었는지도 알고 있었겠지요.

1930년 세계를 휩쓸던 경제공황의 여파는 농촌에서도
심각했어요. 수해까지 겹쳐서 농촌이 다 피폐해졌지요.

비료값은 한 포대에 5원씩 주었는데
쌀값은 절반으로 폭락해서
쌀 한 가마니가 5원씩 했어요.

우리도 소작료를 내지 못해
논을 내놓고 밭농사만 지었지요.

1932년 가을로 기억해요.
이 해는 농사가 잘 되었어요.

우리는 가을걷이할 것도 없지만
들판에는 탐스럽게 곡식이 익어갔어요.

하루는 가까이 사는 외숙이 와서 부모님과 함께 조용히
이야기하는 소리가 들렸어요.

이 전쟁은 우리 나라에도 영향을 미쳤어요.

일본은 군수물자를 수송하려고 동해안 나진, 청진, 성진, 함흥, 원산에 항구를 만들고 군수 공장을 세웠지요.

여기에 필요한 노동력을 인구가 많은 남쪽 지방에서 찾았어요.

처음에는 인부들을 모집했지만 일제 말기에는 강제로 동원했어요.

이즈음 농촌은 점점 더 살기가 힘들었어요.

나는 학교 갈 형편도 안 되고 농사지을 땅도 없었어요.

실의에 빠져 있었지요.

우리는 호남선에서 경원선, 경원선에서 함경선을 갈아타고 함경남도 단천에 내렸어요.

단천에서는 트럭을 타고 고성을 거쳐 와포라는 곳에 닿았어요.

아….

그곳은 단풍선 공사 현장이었어요.

회사 이름은 하사마구미, 공사장 이름은 모리다였지요.

당꼬바지에 모자를 쓴 녹록지 않아 보이는 사내가 우리를 데려갔어요

이쪽으로 오시오.

임금은 하루에 80전인데, 밀차를 밀면 90전을 받았어요.

하루 임금 80전만 받으면 조금 편할 텐데

10전이라도 더 받으려고 악착같이 밀차를 밀었어요.

일이 힘들어서 가끔은 쉬고 싶었지만 이것도 마음대로 못 했지요.

아침마다 샅샅이 뒤져서 현장으로 몰아내고 잘못하면 매를 맞기도 했어요.

왜 일을 안 하나!

일을 해도 전표를 본인에게 주지 않고 장부에 써 놓기만 했어요.

그리고 용돈으로 전표를 한 장씩 주거나 했지요.

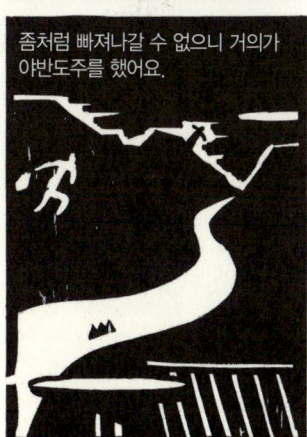
좀처럼 빠져나갈 수 없으니 거의가 야반도주를 했어요.

노동자의 길 91

그때 어린 생각에도 있어서는 안 될 일이 버젓이 벌어지고 있다는 것이 억울했어요.

그때는 당하는 것이 억울했지만 어떻게 해야 할지 몰랐어요. 소작농들이 일년 내내 농사지어 지주에게 바치고 나면 겨울 한철이나 겨우 날 뿐이잖아요? 봄부터 배 곯다가 색걸이 내서 먹고 새똥빠지게 일해서 수확하면 또 다 지주집에 갖다 바치고. 그러면서 평생을 허리 한번 못 펴고 굽실굽실하며 사는 거지요.

그것이 억울하고 분해서 고향을 떠나 노동판에 왔는데도 같은 일이 여전히 일어나는 거예요. 내가 발 딛고 사는 세상은 온통 모순 투성이다, 그런 생각이 들었지요.

그렇다면 고쳐야 하는 거 아니겠어요?

보름쯤 치료하니 나았어요.

이와나가에게 상해죄를 적용하고 주재소 선에서 훈계하는 걸로 끝났지요.

며칠 있다 이와나가는 머리를 빡빡 깎고 현장에 나왔어요.

내게 보복하지 않을까 싶었는데

앞으로 그러지 말자!

경찰서에서 화해하라고 했던 모양이에요.

현장에서도 아무 일 없었던 것처럼 일을 하고 있었어요.

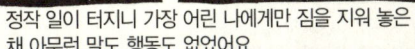

*도리시마리:도망가는 사람을 잡아오는 사람을 일컫는 말.

산을 타고 한참 올라가다가 혼자인 것을 깨달았어요.

방향을 몰라 내가 어디 있는지도 알 수 없었어요.

흩어진 사람을 찾을 길도 없었어요.

아….

낙엽이 허리까지 묻히고

가까이에서 맷돼지가 씩씩거리는 소리도 들렸어요.

어….

날이 밝았는데 구름이 발아래에 있었어요.

노동자의 길

산 아래로 내려가니 철도 공사 현장이었어요.

그곳에서 열흘 동안 일했어요.

헤어진 동무들 생각에 일손이 잡히질 않았지요.

청진을 거쳐 길주까지는 기차를 타고 갔어요.

멀리 벌판에 핀 하얀 앵속꽃이 아름다워 보였지요.

마침 근처에서 철로 보수 공사를 한다기에 그곳에서 일했어요.

길주를 떠나 차를 타고 가다가 어대진에서 내렸어요.

조그만 포구지만 바닷가에는 모래톱이 있고 아늑했지요.

물 위를 나는 갈매기들을 바라보면서 시간 가는 줄도 몰랐어요.

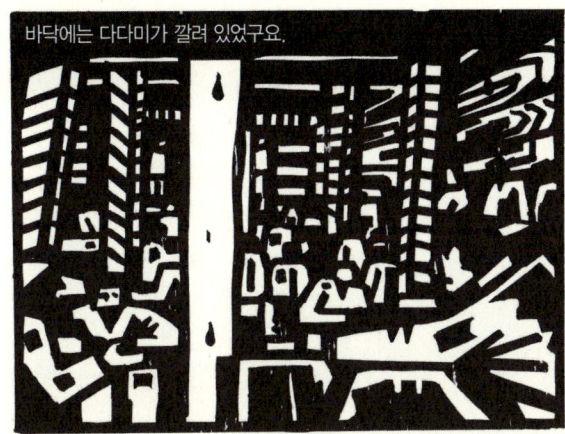

시모노세키까지 8시간이 걸렸어요.

시모노세키에서 기차를 갈아타고 고베, 오사카를 거쳐 아오모리에 도착했지요.

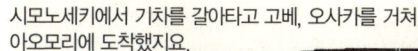
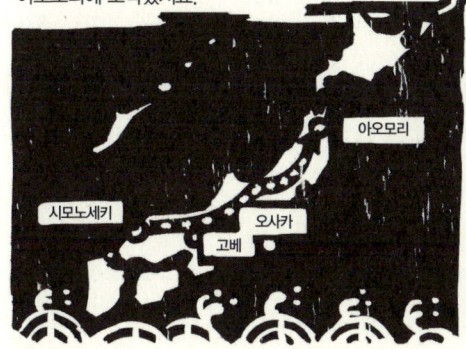

일본의 서해안 풍경이 아름다웠어요.

야, 멋지다.

다시 연락선을 타고 아오모리 해협을 건너 삿포로를 거쳐 와까나베라는 작은 거리에 도착했어요.

도착한 그날로 작업복과 삽을 받고 방을 배정받았지요.

네다섯 명씩 한방에 거처하고 밥은 식당에서 먹는다고 했어요.

숙소는 '협화료'라 했는데, 일본과 조선이 서로 협력하고 화해한다는 뜻으로 지은 이름 같았지요.

식사를 마치면 청소를 해라!

관리 책임자인 나까무라가 우리를 모아 놓고 생활규칙에 대해 한바탕 연설을 했어요.

6시까지 현장에 출근표를 내라!

첫날은 나까무라가 우리를 직접 데리고 갔어요.

현장에서는 작업복을 입고 안전모 쓰고 안전등을 달아야 했어요.

안전모에는 개인번호가 찍혔는데 나는 726번이었지요.

일하는 부서는 노무와 갱무가 있어요.

나는 첫날 갱무 채탄부에 배치되어 채탄장에 갔어요.

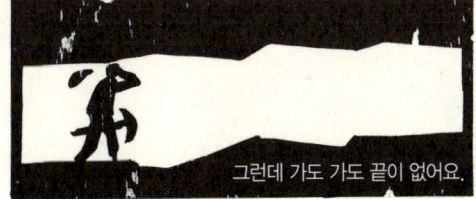

*풍도: 갱내에 있는 나쁜 공기를 선풍기를 이용해 밖으로 빼내는 굴.

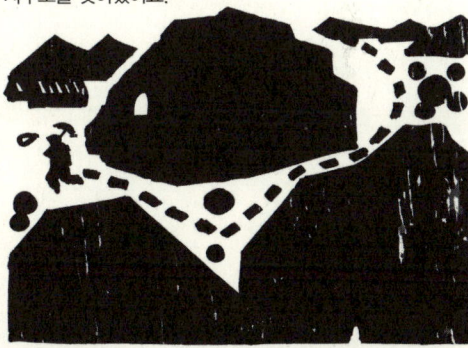

우리 나라와는 달리 무연탄은 없고 역청탄이 많아요.

내가 일했던 평화광은 새로 발굴한 탄광으로 시설도 좋고 탄의 질도 좋았어요.

작업을 마치면 목욕탕에 들어갔어요.

실오라기 하나 안 걸치고 여자들이 일하는 탈의장에 들어가지요. 우리같이 수줍은 사람은

아랫도리를 가리고 들어가지만

음~ 시원하다.

체격이 좋은 사람들은 자기 몸을 과시하려는지 몸도 가리지 않고 들어가서 버티고 앉아요.

하하, 병신!

나는 그런 사람들을 놀려 주고는 했어요.

하루 8시간 일하면 2원을 받고 10시간 일하면 2원 50전을 받았어요.

한 달 식비 15원을 제하면 60원 남고 집에 40원을 보내도 여유가 있었지요.

이때는 무엇보다 책이나 신문을 자유롭게 볼 수 있었어요.

신문은 《아사히신문》과 《북해도 타임》을 보았는데 《동아일보》를 조선에 주문해서 보기도 했어요.

음….

《동아일보》는 정간되어서 나중에는 보지 못했어요.

나는 역사 지식이 거의 없었어요. 《반만년 조선 역사》라는 책에서 비로소 고조선이나 삼국 시대를 알게 되었지요.

《정몽주비화》나 《김옥균실기》 같은 것도 읽었고

때로는 외우기도 했어요.

중얼중얼….

노동자의 길 129

1941년 여름 고향에서 전보 한 통이 왔어요.

'아내 위독'이라는 것이에요.

젊은 사람이 무슨 일이 있을까 싶으면서도 수속을 하려는데

이봐, 전보가 또 왔네.

다음 날, '아내 사망'이라고 전보가 연달아 왔어요.

곰곰이 생각하다가 안 가기로 했어요.

젊은 나이에 시집와 객지 나간 남편을 기다리다가 홀로 눈 감았을 일을 생각하니 가슴이 미어지는 것 같았어요.

*도죠 : 당시 일본 총리.

다른 사람들은 도죠를 치켜세우는데
가가야…

가가야는 오히려 도죠를 욕하면서 일본의 앞날을 암담하게 말하고 있었어요.
무식한 인간 같으니라고!

가가야에게 전쟁의 원인과 일본이 망할 수밖에 없는 이야기를 들었어요.

예?
곧 새로운 세상이 열릴 거라구.

가가야의 말이 잘 이해되지는 않았어요.
그러니까 전쟁 전에는 일본에도 여당과 야당이 있어서 토론이 가능했다고.

전쟁을 일으킨 뒤에는 정당을 모두 없애고 대신 대정익찬회*를 만들어 무조건 찬성하게 만들었지.

지금 모든 언론들이 조작되어 보통 사람들은 전쟁의 진상을 알 수가 없네.
아…

*대정익찬회 : 1940년 10월 일본에서 일국일당을 목표로 결성된 조직.

하지만 그동안 읽은 책 중에서 가장 깊이 있고 울림이 컸지요.

무엇보다 노동에 대한 생각이 크게 바뀌었어요.

그때까지 '노동은 신성한 것이다. 일하지 않는 자는 먹지도 말라'는 말을 들어 왔지요.

하지만 자본가들과 일본 제국주의자들에게서 그 말을 들었을 뿐이고, 결국 노동을 착취하려고 이용하는 말이었지요.

하지만 《공산당 선언》을 읽고 나서 비로소 노동의 진정한 의미를 알게 되었어요.

노동은 인간이 자신을 완성시키는 것이며 인류의 문화와 역사는 노동으로 이루어졌다 것, 노동이 없이는 한 달은 그만두고 일주일만 지나도 인류 사회가 지속될 수 없으리라는 것, 그러므로 미래 세계의 주인은 노동자라는 것을 말이지요.

1942년 겨울에 협화료 모두가 유바리 탄광으로 전근 갔어요.

생활이나 작업 조건이 아주 나빠졌지요.

시설이 낡은 데다 통근하기 힘들고 목욕도 집에 와서 해야 했어요.

그곳에서 '다꼬비아'라고 불리는 사람들을 보았어요.

다꼬는 일본말로 '문어'인데, 문어는 자기 몸을 뜯어 먹는다고 하지요.

다꼬비아는 선불을 받고 팔려 왔기 때문에 그렇게 불렸어요. 도망칠까 봐 잠도 철창 안에서 재우고 일할 때는 총으로 지키고 감시를 하더군요.

불법이라고 하면서도 계속되었어요.

또 한 가지, 그곳에서 불행한 사건이 있었지요.

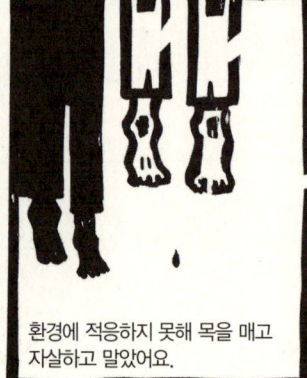

장인은 독립운동 자금을 해외에 보내는 일을 하다 가산을 탕진하고 농사를 지으며 어렵게 산다고 하더군요.

나는 아내를 처음 보았을 때 '괜찮구나' 싶었어요.

처음 만나는 사이라 다른 생각은 없었어요.

사이가 나쁜 것도 아닌데 살뜰한 말을 나눠 보지 못했고

이런저런 일로 계속 밖으로만 돌고 살림도 살펴 주지 못했지요.

아내에게는 늘 미안해요.

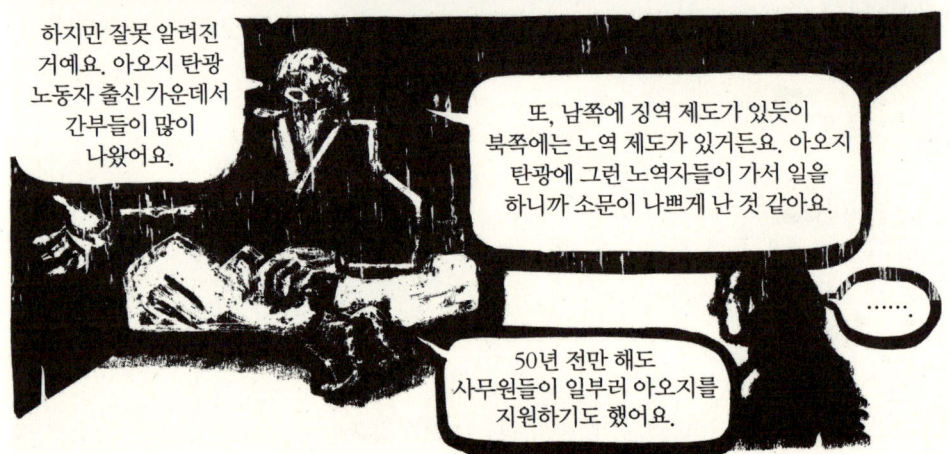

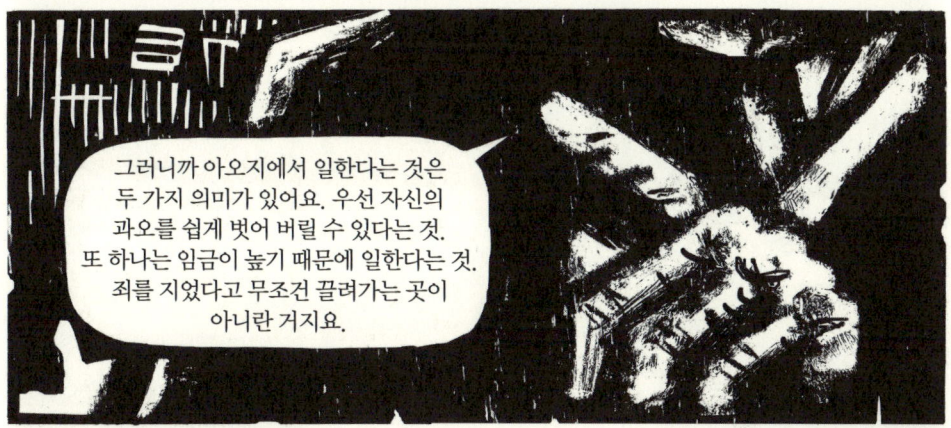

*슬라그: 철을 제련하고 난 찌꺼기.

어떤 구체적인 실천은 없었지만 은근히 이어지는 연대감이 강했지요.

그러던 중 징용장이 나왔어요.

나는 징용을 피해 이곳저곳을 떠돌아 다녀야 했지요.

일제 말기에는 모두들 너무나 살기가 힘들었어요.

흉흉하게 떠도는 말도 많았지요.

사람들이 불안해하면서 살았어요.

그렇게 1945년 8월 15일이 되었지요.

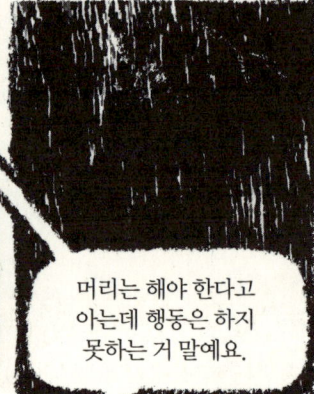

1961년에 후르시쵸프가 주은래와 논쟁을 벌이면서 "부르주아 출신인 당신이 노동자 출신인 내게 반론을 제기하는 것은 부당하다"고 하자, 주은래가, "당신 말처럼 분명 우리에게는 계급 문제가 있다. 우리 둘 다 자신의 출신 계급을 배신하고 있다"고 응수한 일이 있어요. 아마도 비슷한 게 아닐까요. 분명 노동계급은 사회의 주요 동력이지만 사회운동을 더욱 높은 단계로 발전시키려면 지식인들을 이끌어 내야 한다고 생각해요.

선생님 이야기를 듣다 보면 정말 천상 노동자라는 느낌이 드는데, 선생님 스스로는 어떠세요?

난 객지로 떠돌지 않고 고향에서 농사지으며 살 수도 있었어요.

노동자의 길

그때부터는 노동이 힘들게 생각되지도 않았어요. 오히려 당당하고 자랑스러웠죠. 사실 몸이 힘든 것보다 마음이 힘든 게 더 많았는데, 그 책을 읽고 난 다음부터는 내가 무슨 영웅이라도 된 것처럼 그런 생각이 들더라구요. 허허.

노동자 의식이나 이념은 학습을 통해서 관심을 갖게 되는 건 아니에요.

자연스럽게 상황을 따라가는 거죠.

당시 노동자들은 이미 국가나 민족을 넘어서고 있었어요.

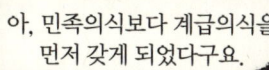

범민련* 의장 이규재 씨를 만나서 얘기를 나눈 적이 있어요. 이 사람 노동자(목수) 출신이라 그런지 제 말에 공감을 하더라구요. 자기도 민족의식보다는 계급의식을 먼저 자각했다면서….

아, 민족의식보다 계급의식을 먼저 갖게 되었다구요.

*범민련 : 조국통일범민족연합.

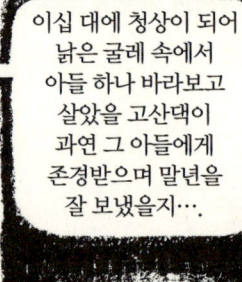

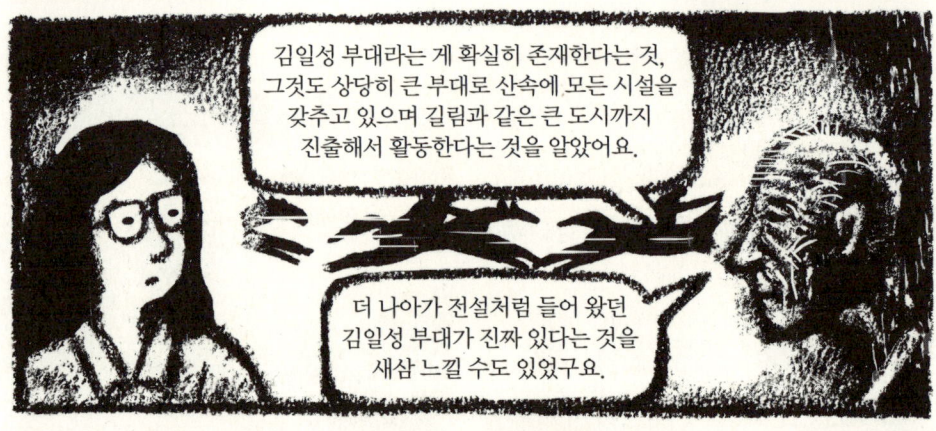

3장
나는 자랑스러운 노동당원이다
(1945–1950)

해방의 기쁨도 잠시….

헤헤헤.

9월 7일 미군이 인천에 상륙했지요.

미 태평양 사령관 맥아더는 '조선 인민에게 고함'이라는 성명서를 발표했어요.

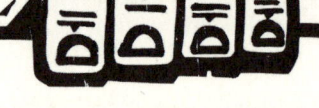

정부 수립 전까지 미군정을 실시하겠다!

제1조. 본관 38도 이남의 조선 영토와 조선인민에 대한 통치의 전 권한은 당분간 본관의 권한하에 시행된다.

제 2조. 정부·공공단체 및 기타의 명예 직원과 고용인, 또는 공익사업, 공공 위생을 포함한 전 공공사업 기관에 종사하는 유급, 혹은 무급 직원과 고용인, 또 기타 제반 중요 사업에 종사하는 자는 별명이 있을 때까지 종래의 정상한 기능과 업무를 실행하고 모든 기록과 재산을 보존, 보호해야 한다.

제 3조. 주민은 본관 및 본관의 권한하에서 발포한 명령에 즉각 복종하여야 한다. 점령군에 대한 모든 반항 행위, 또는 공공 안녕을 교란하는 행위를 감행하는 자에 대해서는 용서 없이 엄벌에 처할 것이다.

제 4조. ……

제 5조. 군정 기간에 있어서는 영어를 모든 목적에 사용하는 공용어로 한다. 영어 원문과 조선어, 또는 일본어 원문에 해석, 또는 정의가 불명하거나 부동할 때는 영어 원문을 기본으로 한다.

제 6조. ……

노동자의 길

곧이어 미군은 일본 총독에게 통치기구를 인계받았지요.

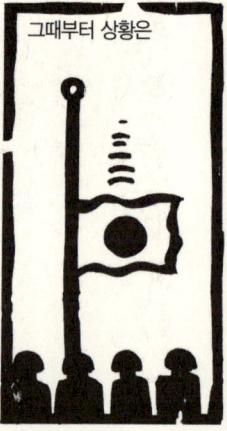
그때부터 상황은

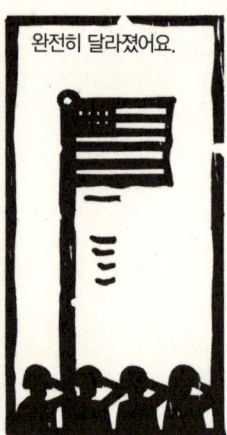
완전히 달라졌어요.

미군은 건준*, 인민위원회 같은 조직을 해산하고

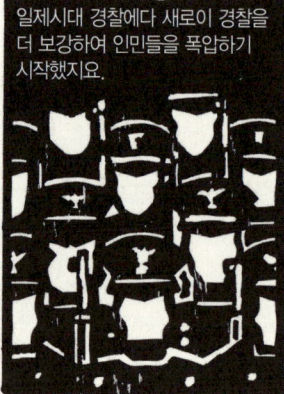
일제시대 경찰에다 새로이 경찰을 더 보강하여 인민들을 폭압하기 시작했지요.

죄도 없이 끌려가 고통당하는 사람들이 늘어 갔어요.

해방 뒤 고향에 돌아온 나는 예전에 허용석과 만든 계모임을 다시 시작했어요.

그러자 공산당에서 우리 모임을 당조직으로 발전시켰어요.

*건준: 건국준비위원회.

당시 북조선에는 소련군이 주둔하고 있었고, 1946년 2월에 조직된 북조선 인민위원회가 중앙정부 역할을 했어요.

북조선 인민위원회는 1946년 3월 5일 토지개혁을 단행하고 노동법과 남녀평등권 등을 비롯해 여러 민주개혁을 진행시켜 나갔지요.

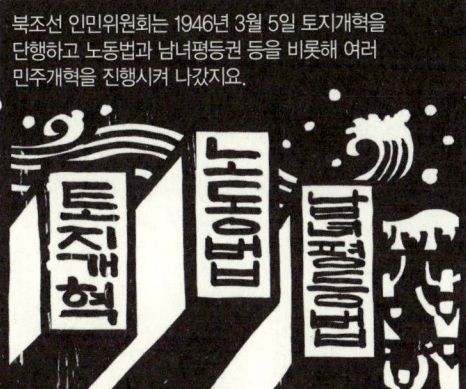

그러자 미군정에서도 국민들이 참여하는 형식을 보여 준답시고 '입법의원*'을 선출하기로 했어요.

미군정의 기만 정책을 폭로하고자 당에서는 선거 반대 투쟁을 하기로 결정했지요.

정식 조직이 된 우리 야학반도 함께 투쟁에 참가했어요.

*입법의원 : 남조선과도입법의원. 입법의원에서 제정한 법령을 미군정이 동의해야 효력이 발생하기 때문에 거의 유명무실한 기관이었다.

1946년 11월 23일에야 공산당, 신민당, 인민당이 합당하여 남조선노동당(남로당)을 결성하고 창당 대회를 가졌지요.

부안군에서도 노동당이 발족되었어요.

지방당에서 입당 지원서를 받았는데 나도 그때 입당 원서를 냈어요.

얼마 뒤 입당 허가가 나왔어요.

한 사람이 당원이 된다는 것은 굉장히 어렵고 힘든 일이지요.

신분도 분명하고, 실천력도 있어야 하고, 이론도 알아야 하며, 무엇보다 당사업에 열성으로 참여해야 하는데, 당과 국가와 민족을 위해서 헌신한다는 뜻과 같아요.

그래야 비로소 당원이 될 수 있다는 것이지요. 그러므로 입당하는 날은 대단히 중요한 날이자 당원으로서 새로 출발하는 생일과 같은 날이에요.

내 입당 일자는 남조선노동당 창당 일자인 1946년 11월 23일이에요.
그러므로 바로 그날이 내가 새로운 인생을 시작한 가장 기쁜 생일인 것이지요.

그렇다! 나는 이제부터 자랑스러운 노동당원이다.

1945년 12월 모스크바 삼상회의가 열렸어요.

이 회의에서 소련과 미국이 공동위원회를 조직해서 조선의 정당, 사회단체와 협의해 임시정부를 수립하고 신탁통치를 통해 조선을 민주적으로 발전시켜 나가기로 결정하였지요.

그러나 미국은 자기네들에게 불리한 삼상회의 결정을 처음부터 집행할 생각이 없었어요.

결국 1946년 3월에 시작한 소미공동위원회는 미국과 우익들의 방해로 5월에 무기 휴회로 들어가고 말았지요.

여기서 꼭 짚어야 할 문제가 있는데, 바로 삼상회의에서 결정했다는 신탁통치가 무엇인가 하는 점이지요.

노동자의 길 **197**

영어로는 신탁통치라는 말과 후견제라는 말이 같다고 해요.

사실은 소련이 제안한 신탁통치(후견제)라고 해야 하는데 그 말을 빼고 교묘하게 말한 거지요.

그러자 조선에서는 난리가 났어요.
일제에 그렇게 시달렸는데 또 신탁통치라니!

모두들 거세게 반대하고 여기저기서 반탁 운동이 일어났지요.
신탁통치 반대
소련은 물러가라
신탁통치 반대한다!
신탁통치 반대한다!

사실은 그 반탁이 오히려 신탁통치를 찬성하는 거고 친탁이 되어 신탁통치를 반대한 것인데 완전히 뒤집어진 거죠.
망국적인 신탁통치 반대한다.

나중에야 사실을 알고 바로 정책 설명을 했지만 그때는 이미 늦고 말았어요.
반탁이 찬탁이고, 찬탁이 반탁이야.
?

여러모로 안타까운 일이지요.
아이고.

노동자의 길

북조선에서는 삼상회의 정신에 따라 민주 독립국가를 건설하는 여러 사업을 착착 진행해 나갔어요.

특히 1946년 8월 10일에는 산업국유화법령을 채택함으로써 노동자들이 국가 건설의 주인으로 역량을 다하게 했지요.

이런 개혁 성과들은 남조선에서는 생각도 못 했지요.

북조선에 견주어 남조선에서는 미군정 아래 온갖 무질서가 난무했어요.

미군정은 일제의 모든 재산을 빼앗고 특권층에 관리권과 소유권을 줌으로써 노동자와 농민들의 생활을 어렵게 만들었어요.

노동자들은 개선을 요구했으나 대책이 없었지요.

당신들은 누구 편이오?

다른 사람들이 너무 말이 없기에 내가 이의를 제기했어요.

불가능합니다.

우리 군당은 봉기하더라도 고창이나 정읍, 김제에서도 그렇게 할까요?

나도 같은 생각입니다.

10월 인민 항쟁 때 하지 못했으니 이번에는 반드시 투쟁해야 합니다.

……

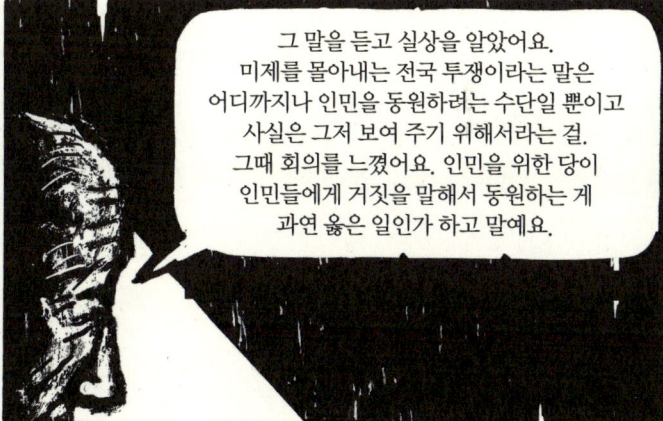
그 말을 듣고 실상을 알았어요. 미제를 몰아내는 전국 투쟁이라는 말은 어디까지나 인민을 동원하려는 수단일 뿐이고 사실은 그저 보여 주기 위해서라는 걸. 그때 회의를 느꼈어요. 인민을 위한 당이 인민들에게 거짓을 말해서 동원하는 게 과연 옳은 일인가 하고 말예요.

하지만 말단에 있는 우리로서는 상급당의 결정을 거부할 수 없었어요. 한편으로는 결국 투쟁에서 승리하면 별 문제가 되지 않겠지 하는 생각도 들었어요. 지금 생각하면 정말 어리석은, 자신을 속여서 위안을 삼은 것이지요.

노동자의 길

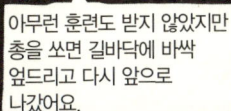

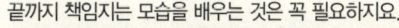

투쟁이 끝나고 총화*하기로 했지만 비밀이 전부 탄로나 집회도 못 하고 체포된 일들이 많았어요.

부안 군당위원회 또한 총화도, 대책도 사라졌어요.

게다가 줄포에서 정당성과 도덕성을 잃은 사건마저 생겼어요.

3월 22일 아침에 경찰 두 명이 총을 매고 순찰하고 있었는데

마을 사람들이 경찰을 창고에 가두고 총을 빼앗았어요.

그런데 시위 도중에 경찰이 총을 쏘아 십여 명의 사상자가 나자

분노한 군중들은 경찰을 끌어내 살해했던 거지요.

*총화: 일의 결과를 분석하여 앞으로의 일에 도움이 될 경험과 교훈을 찾는 것.

*분주소 : 파출소.

제2차 소미공동위원회에서도 협의 대상이 쟁점이 되었어요.

회담을 성립시키고자 소련은 제안을 하였지요.

좋소. 지금이라도 삼상회의 지지 성명을 내면 협의 대상에 포함시키겠소.

그러자 우익 정당과 단체들이 다투어 성명을 내고 참가 신청을 했어요.

덕분에 잠시 소미공위가 잘 되는가 싶었지만

그것은 소미공위를 파탄시키려는 다른 형태의 음모였지요.

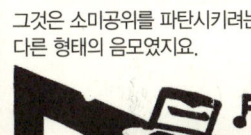

우익들은 유령 단체들을 급히 조직해서 협의 대상 가입 신청을 했고, 며칠 사이에 수백 개의 유령 단체가 생겼어요.

그 단체들의 성원은 남쪽 인구의 일곱 배가 넘었다고 해요.

남로당에서는 소미공동위원회 촉진 대회를 열기로 했어요. 그날이 1947년 7월 27일이어서 7·27 대회라고도 해요. 남산공원에서 열린 이 대회는 역사상 가장 많은 사람들이 모였다고 전해져요.

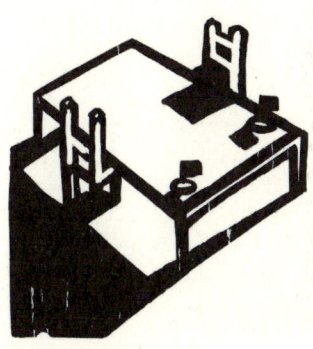
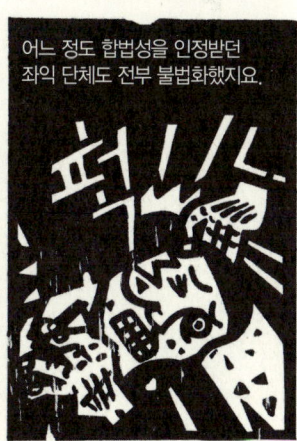

미군정은 조선민주청년동맹, 조선민주여성동맹, 전국노동자평의회 들을 불법화했어요.

나도 피할 수밖에 없었어요.

그동안 경찰은 내가 부안에 돌아와 있다는 것을 알지 못했지요.

지명수배는 받았지만 수사 대상까지는 아니었으니까요.

그런데 7·27 투쟁 때 내가 돌아온 것을 알고는 경찰이 시도 때도 없이 우리 집에 찾아와 협박을 했어요.

허영철 어디 있어! 여기 있는 거 다 알고 왔어!

우리 집에서는 내가 멀리 떠나기를 바랐지요.

취조도 없이 얻어맞고 정신을 잃자
경찰들은 짐짝처럼 트럭에 싣고 데려갔지요.

두 집안 이야기를 한 것은 이유가 있어요.
이 두 집은 양반 행세를 하는 가문들이었어요.
자녀들을 위해서든 자발적이었든 간에
탄로라도 나면 집안이 풍비박산이 날 텐데도
기꺼이 우리 같은 사람을 보호해 주었던 거예요.
그런 사람들이 있었기에 그나마 우리가
활동할 수 있었던 게 아닐까요?

그래서 나는 이들이야말로
우리가 마땅히 투쟁에
끌어들여야 할 사람이라고
생각했어요.

계급투쟁이라고 하면 무조건 계급이 다른
사람을 반대하는 것이 아니라, 사회의 양심 있는
세력들을 모두 통합해 하나로 나가는 것이
궁극으로 해야 할 일이지요.
그래야 모든 인민이 잘 살 수 있는 나라를
만들 수 있는 게 아닐까 생각해요.

하루는 부잣집 주인이 어디서 여순사건을 듣고 와서 큰소리로
사람들에게 말하는 것을 들었어요.

애야, 여수에서 군인들이 총을
들고 일어나 여러 사람이
다치고 죽었다는구나.

여순 군사 봉기는 제주4·3항쟁의 연장선에 있었어요.

미군정은 제주도민들의 정당한 행동을 탄압하려다가 저항에 부닥치자 결국 군대를 동원했어요.

그러나 동원령을 받은 여순 국군 14연대 병사들과 하급 장교들은, 동족을 살해하는 것은 죄악이라며 오히려 동원령에 반대해서 군사 봉기를 일으켰지요.

우리는 제주도민을 죽일 수 없다!

하지만 역부족이었어요.

정부군의 강력한 진압으로 여수와 순천에서 많은 군인과 인민이 피해를 입었지요.

산으로 들어간 부대는 토벌 작전으로 희생되고 말았어요.

나는 그때 무장한 사람들을 입산시키는 일을 했는데, 두 차례나 검거되면서 몸이 말할 수 없이 허약해졌어요.

그러자 당에서는 재정 상태가 어려운데도 돈 6천 원을 보내 한약을 먹으며 치료하라고 하더군요.
아!
당에서 보내는 것이오. 치료부터 하십시오.

석 달을 정읍에서 숨어 지내면서 쉬었어요.

그러자 차츰 부기도 내리고 숨가쁜 것도 나아졌지요.

이렇게까지 돌봐준 당이 참 고마웠어요.

투쟁이 잘못될 때도 있지만 그건 조직 노선이나 방향이 틀려서 그런 거고, 조직원 하나하나에게 관심을 가지고 돌봐 주는 게 참 고마웠어요.
몸이 건강해야 뭐든지 열심히 할 수 있소. 건강하시오, 허 동지!

내게 당은 그런 곳이지요.

북으로 갈 길을 찾으면서 계속 움직이기 시작했어요.

봄날이라 움직이는 데 힘들지는 않았어요.

하지만 전처럼 개성이나 해주 쪽을 뚫고 북으로 가기는 어려울 것 같았지요.

더욱이 1949년 4월에 송악산 전투가 있었고, 서해안 쪽에서도 자주 충돌했어요.

철원 쪽도 여순사건 뒤 국군 장교 강태모와 표문원이 신변의 위협을 느껴 대대를 이끌고 월북한 사건이 있어서 경계가 삼엄했어요

6월에 북조선에서는 조국 통일 전선이 결성되었지요.

하지만 남조선에서는 통일 운동과 민주화 운동이 탄압을 당했어요.

빨치산 활동 지역을 모두 태워 버려 근거지를 잃었고

농민들도 과거 농맹이나 민청, 여맹에 가입했다는 이유로 탄압 대상이 되어 늘 불안했어요.

도시에선 일제시대 산업 시설이 모두 특권층에 넘어가 실업자가 넘쳐 났어요.

거기다가 노조에서 활동했다는 이유로 실직한 노동자들까지 늘어나 참으로 불안하게 살고 있었지요.

이곳저곳을 떠돌다가 사평 토목 공사판에서 몇 달 동안 일했어요.

*목도꾼: 짝을 이뤄 무거운 물건을 몽둥이에 꿰어 나르는 일꾼.

어쨌거나 그 사람 덕에 무사히 그곳을 빠져나왔지요.

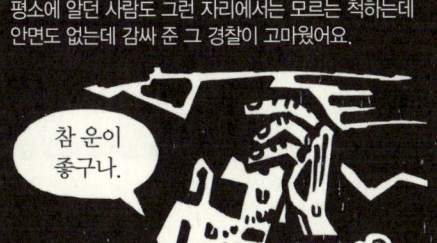

그날 밤에 끌려가서 신분이 드러났다면 아마 나는 이 세상 사람이 아니었을 거예요.

징역을 살았을 테고

6·25 때 집단 학살을 피하지 못했겠지요.

9월이 되면서 상황은 더욱 험악해졌어요.

곳곳에서 통일 투쟁이 일어났고 경찰들은 사소한 움직임 하나도 허용하지 않았어요.
탕
해산하라!

군사 분계선에서는 충돌까지 잦아져 준전시 상태와 같이 삼엄했지요.
쿠쿠쿵
떵

당시 공산당원이었던 정백이라는 사람이 있었는데

북에 있다가 남쪽에 와서 체포되었지요.

남조선에서는 정백을 이용하여 좌익활동가들을 회유하거나 탄압하게 했어요.

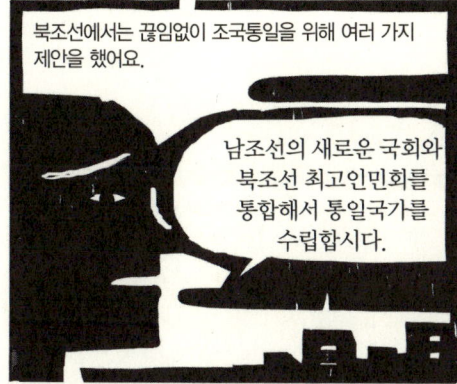

1950년 6월 25일.

오전 새벽 4시 북한 인민군이 삼팔선을 넘어 남침을 시작했습니다.

라디오에 귀를 기울이던 우리들은 6월 25일 새벽에 전쟁이 일어난 것을 알게 되었지요.

전, 전쟁이라구!

노동자의 길

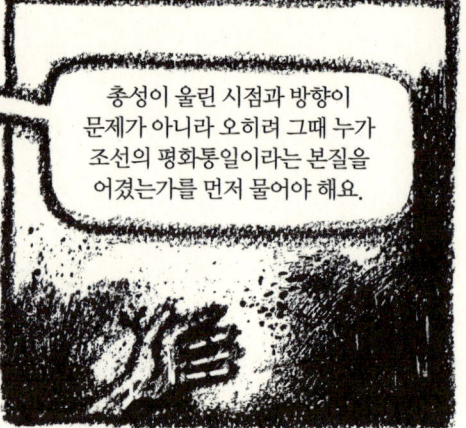

최근 텔레비전을 보니 미국의 역사학자도 "미국이 일본의 조선 침략을 도운 것은 유감이다" 하더군요. 윌슨이 민족자결권을 발표했을 때도 많은 사람들이 조선 독립의 국제적인 지원과 버팀목이 될 것이라고 기대했어요. 3·1 만세 운동도 그런 분위기에서 일어났고. 그런데 미국이 계속해서 분위기를 이상하게 몰면서 조선에 발언권을 안 주는 거예요. 민족자결권이란 동구권 같은 발전된 국가에나 해당하는 얘기라면서 더 나아가 일본이 항복한 뒤, 조선 독립 문제를 논의할 때에는 이렇게까지 말해요.

어떻게요?

"조선은 아직 계몽이 안 된 상태다. 그러므로 신탁통치가 필요하다. 10년 정도 시간이 걸릴 것이고 20년이 될 수도 있다."

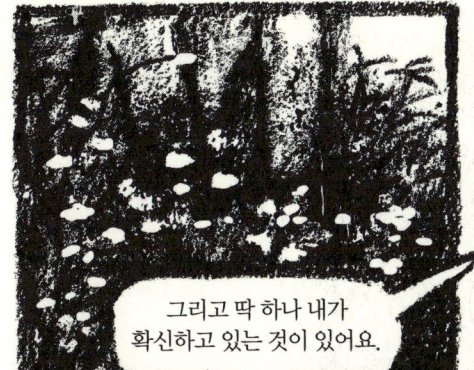

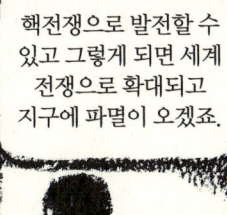

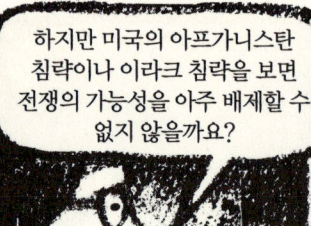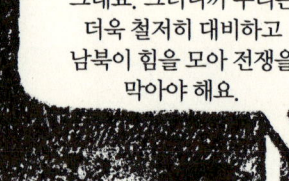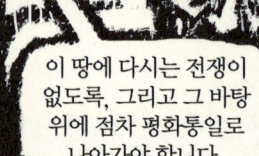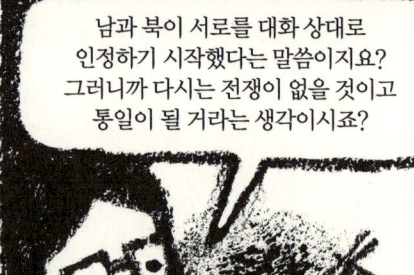

확실히 맥아더 선언문과 비교가 되는군요. 중심을 좀 더 민중 쪽에 둔 것 같아요.

사실은 같은 말을 하는데, 미국은 간략하게 요점만 얘기해서 나빠 보이고, 소련은 화려한 미사여구로 혁명을 강조해서 좋아 보이는 것이라는 분석도 있습니다.

관점의 차이겠지만 결국은 미국과 소련으로 대표되는 민주주의와 공산주의의 차이가 아닐까 하는 생각이 들어요.

감옥에서도 비슷한 말 많이 들었어요. 그리고 꼭 묻지요. 자유민주주의와 공산주의 중 어느 것이 좋냐고. 지치지만 그래도 대답은 해요.

"공산주의는 우리가 이상으로 삼고 지향하는 사회다. 그러나 아직까지 건설되지 못했다. 우리가 지금까지 실시해 온 경험은 모두 그 사회를 건설하기 위해서다" 라고요.

또 자유민주주의라고 할 때 과연 그 자유가 뭘까요? 자유를 위해 한없이 경쟁해야 하는데 결국 자기가 살아남으려고 다른 사람을 눌러야 하는 거 아닌가요?

하지만 사회주의 사회에도 여전히 경쟁은 존재한다고 들었습니다.

물론 그곳에서도 경쟁해요.

하지만 자유라는 이름을 내세워 끝없이 경쟁하는 것이 아니고 사회 전체 성원들이 모두가 자유롭고 평등하게 살기 위해 경쟁을 하는 거예요. 교육 문제를 들어 간단히 설명해 볼까요?

자유민주주의 사회에서는 한 집단에 딱 한 사람만 일등이 될 수 있어요. 그러려면 나머지 사람들을 모두 이겨야 하지요. 하지만 사회주의 사회에서는 집단에 속한 모두가 최우등생이 될 수 있어요.

어떻게요?

공화국에서는 호조반이라는 것이 조직되죠. '호조'란 서로 돕는다는 뜻이에요.

성원들 중에 잘하는 사람이 좀 못하는 사람을 같은 수준에 오르도록 도와주는 거지요. 그래서 사람들이 다 최우등이나 우등을 할 수 있는 겁니다.

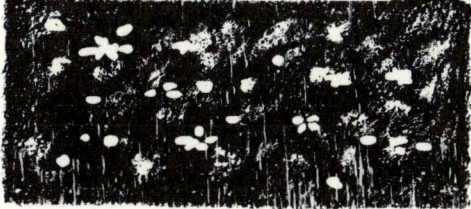
잘 지도하거나 지도받은 사람은 집단의 모범이 되고 가장 아름답고 선한 일로 칭송받아요. 그렇게 해서 자랄 때부터 경쟁과 협동의 정신을 함께 배우고, 나와 더불어 늘 다른 사람과 집단을 같이 생각하게 되는 거예요.

혼자 살아남고자 무한 경쟁하는 자본주의 사회보다 상생의 경쟁을 통해 모든 사람이 다 잘 살 수 있는 사회주의가 나는 더 좋다고 생각해요.

노동자의 길

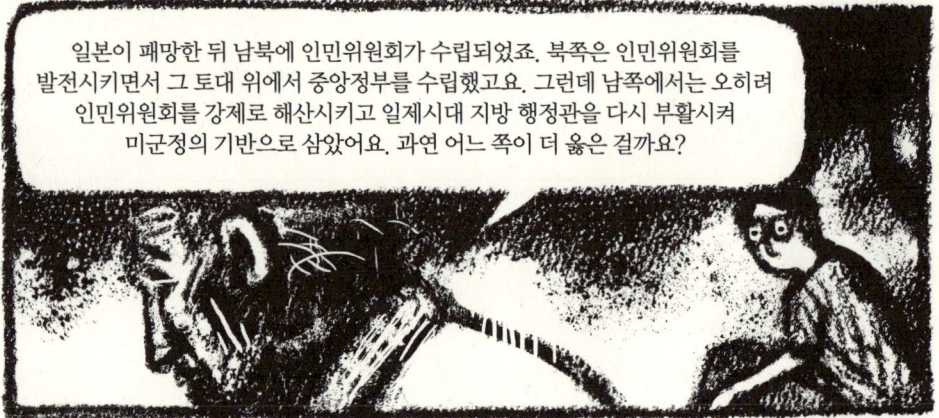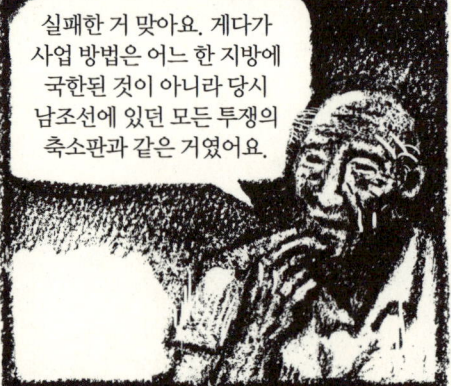

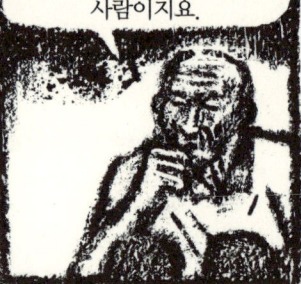

2부 혁명가의 길

나는 일년에 몇 차례 서울에 올라갔다.

올라갈 때마다 드넓은 들판을 바라본다.

미군은 지금 용산에서 평택 팽성읍으로 기지를 옮기겠다고 하는데

그 말은, 그 좋은 평택 황새울 들판이 모두 군사기지가 된다는 뜻이다.

미군 폭격 연습지가 있던 매향리에서는 주민들이 끝까지 싸워서 마침내 미군이 철수하기로 결정했다.

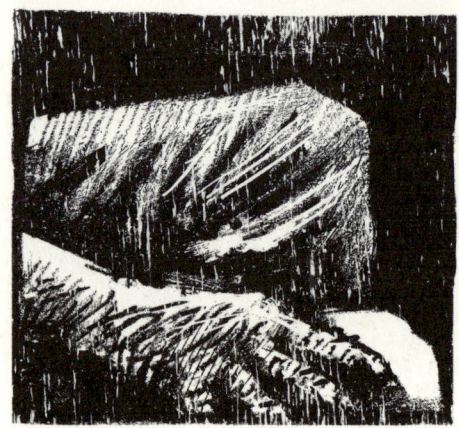

나는 평택에서도 그런 결집이 필요하다고 생각했다.

집회가 열리면 멀리서 바라보곤 했다.

아마 여기에 온 사람들 가운데 많은 이들이
미국의 원조나 필요성에 대해서는
어느 정도 인정할 것이다.

미국과 우리 관계를 겉으로만 알고
6·25전쟁도 본질을 잘 알지 못하면
그렇게 생각하기 쉽다.
하지만 진실은,
그게 다 미국의 음모라는 것이다.

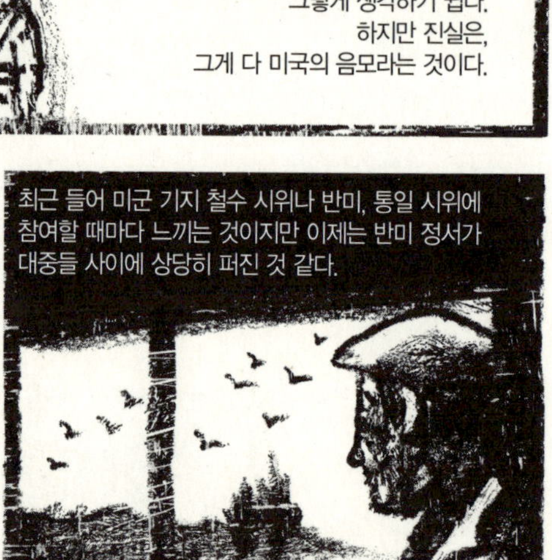

최근 들어 미군 기지 철수 시위나 반미, 통일 시위에
참여할 때마다 느끼는 것이지만 이제는 반미 정서가
대중들 사이에 상당히 퍼진 것 같다.

그래서일까, 나는 조금씩 통일이라는
아름다운 꿈을 꾼다.

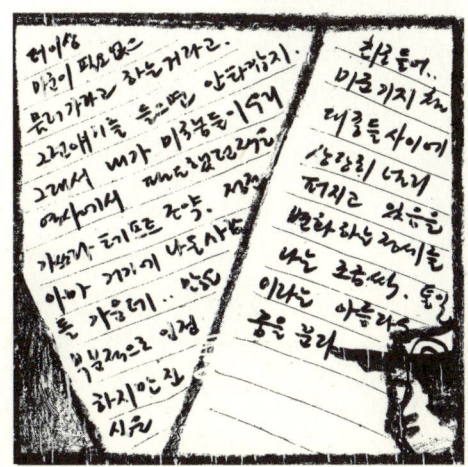

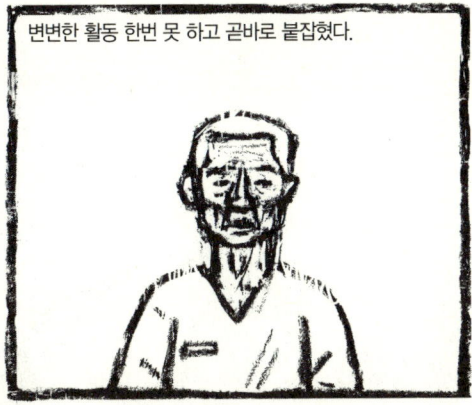
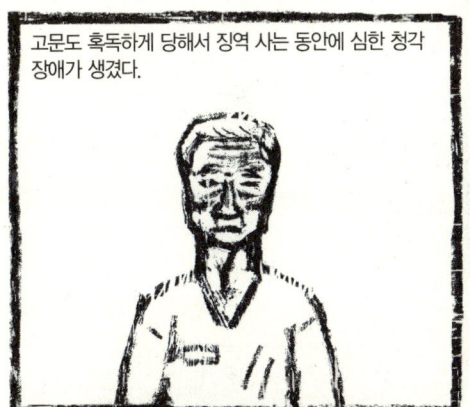
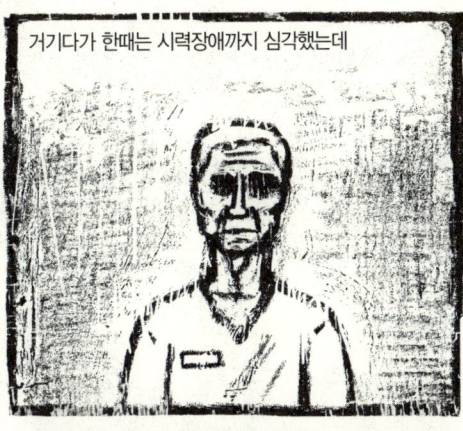

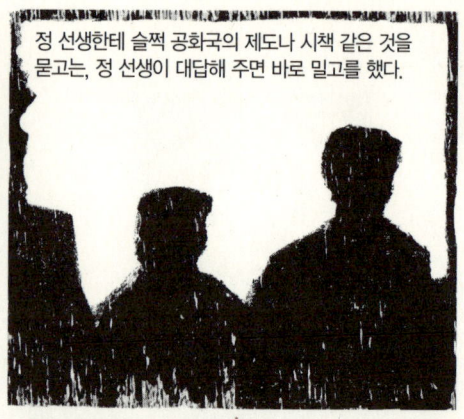

정 선생은 나와서도 열심히 싸웠다고 한다.
조금만 버텨 줬으면
살아서 고향으로 돌아갈 수 있었을 텐데,
마음이 너무 안타까웠다.

휘이—잉

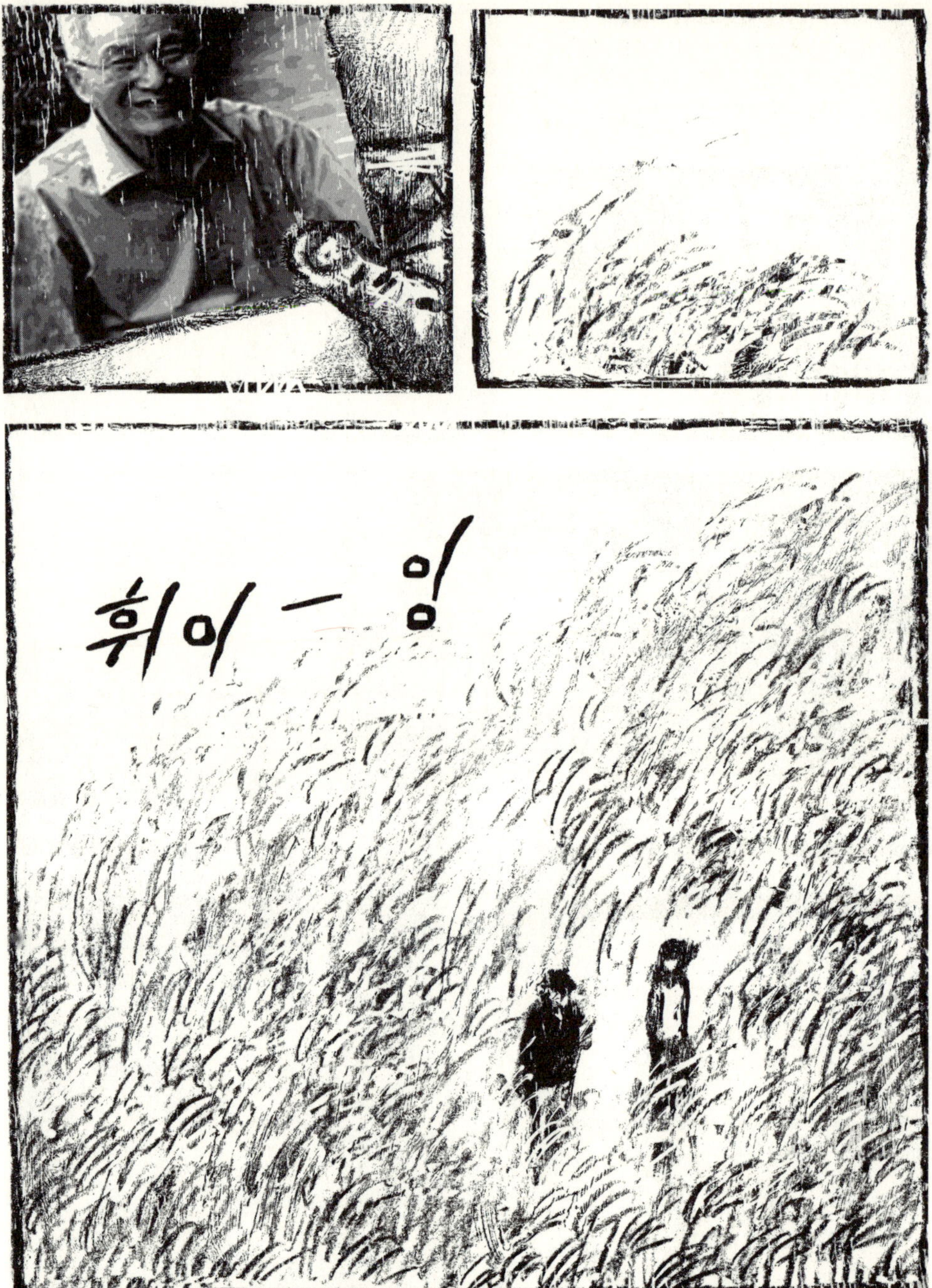

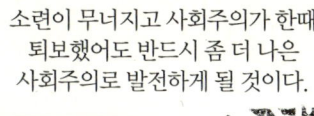
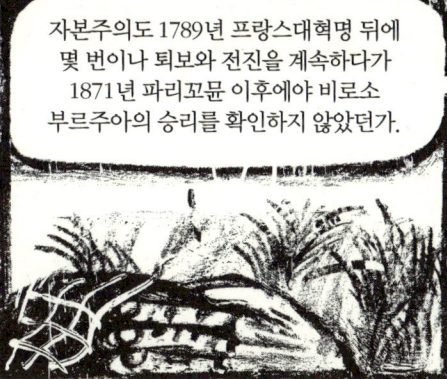

4장
나는 전쟁의 한가운데에 있다
(1950–1952)

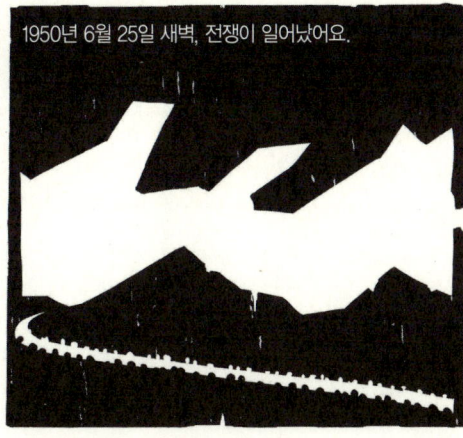

철길을 걷고 있는데 어떤 사람이 구부정하게 앉아 있어요.

아이고.

학생인 것 같았지요. 그런데 다가가서 아무리 흔들어도 꼼짝을 않는 거예요. 살펴보니 등 뒤에서 총을 맞아 죽어 있었어요.

서울에서 학교 다니던 학생이 전쟁이 나자 고향으로 내려가다가 군인이나 경찰 총에 맞았겠지요. 누가 그랬는지는 모르지요. 전쟁에서 흔히 있을 수 있는 일이니까요.

1950년 7월 18일 대전에서 미군이 인민군의 기습으로 패했어요.

이로써 상황은 인민군이 유리했지요.

그리고 20일에는 전라북도 전 지역이 해방되었어요.

소란스러운 일도 없었어요.

총 한 발 쏘지 않고 사회가 바뀌었기 때문에 조용했던 거지요.

그 뒤 40년 넘게 아내 곁에 있지 못했고

1991년이 되어서야 비로소 만날 수가 있었지요.

그때는 그토록 오랜 세월을 헤어져 살 줄은 몰랐어요.

사람이란 한 치 앞도 모르는 법이지요.

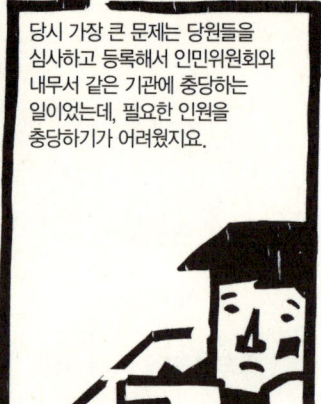

특히 당한 사람들의 가족은 당한 만큼 갚아 주고 싶어했어요.

그러나 경찰들, 형무소 직원들, 반공단체 청년들, 보도연맹 직원들은 다 도망가고 없었지요.

남아 있는 사람들은 죄가 없는 가족들이에요.

그래서 잘 얘기해서 돌려보내는데

그만 집에 가 보세요.

그러면 데리고 온 사람들이 아우성을 쳐요.

도대체 왜 그냥 보내 주는 거요!

그렇다고 그들을 그냥 억누를 수도 없었어요.

저 사람들 가족이 우리 아버지를 죽였다구요!

처벌해야 해요!

혁명의 사기를 떨어뜨릴 수 있기 때문이에요.

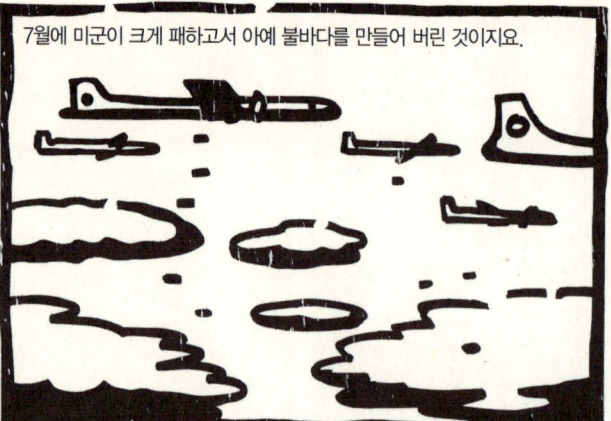

서울 시내에 들어서니 비로소 전쟁이 실감났어요.

하늘에서 비행기가 날아다니며 사격을 해대고

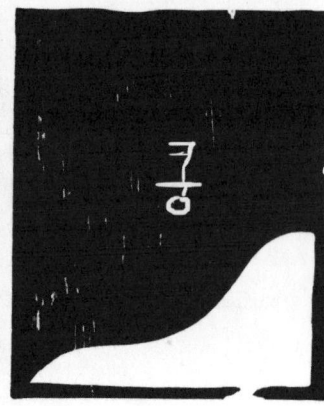

나는 서울 방어에 참여하기로 했어요.

시내 곳곳에서 전투가 벌어졌지요. 비행기가 시도 때도 없이 폭격을 했어요. 밤에는 정찰을 나가고 낮에는 쉬었어요. 하루는 우리 정찰대 네댓 명이 잠깐 쉬려고 눕는데 갑자기 비행기가 폭탄을 떨어뜨린 거예요.

회관 앞에 세워진 돌기둥이 두 동강이 나 떨어지고, 폭풍이 우리를 날릴 것 같았지요.

그날 폭격이 심했는데

오후에는 총독부 건물의 뾰족한 첨탑마저 뻘겋게 타오르는 거예요.

세상에, 저기를 봐!

아이고.

시내 곳곳에서는 계속 전투가 벌어졌어요.

우리는 소대 단위로 마포 쪽으로 나가 골목을 지켰어요.

남아 있는 시민들도 할 수 있는 일을 다했어요.

주먹밥을 만들어 나눠 주기도 했고

여학생들도 부상병을 운반하느라 있는 힘을 다했어요.

힘내세요! 끙끙.

소총을 가진 인민군은 방어벽을 사이에 두고 사격전을 계속하고 있었지요.

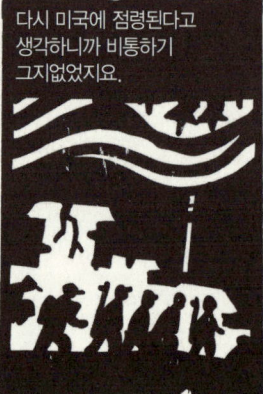

10월 9일 철원 못 미쳐 갈마라는 곳에 도착했지요.

인민군이 합동작전을 하자고 했어요.

갈마산 자락에 중요한 물건을 실은 트럭이 있는데, 소각해야 하오.

지금 그곳엔 적들이 있으니, 당신 부대가 고개를 지켜주면 우리가 처리하겠소!

알겠습니다.

선발대가 새벽녘에 고개를 점령했고 인민군은 트럭을 소각했지요.

성공이야. 가자!

후퇴하다가 대원 한 명이 다리에 부상을 당했어요.

미군의 폭격으로 조그만 시가지까지 다 불에 타고 있었지요.

인민들은 남녀 모두 짐을 이고 지고 후퇴 길에 나섰어요.

산자락을 돌아가는데 한 아주머니가 쫓아왔지요.

동무들, 동무들!

그 동네 여맹위원장이었어요.

인민군이 오면 주려고 짚신을 삼고 버선도 지었다우.

이거 받으시우.

하지만 정작 우리와 부딪히면 나팔 소리나 꽹과리 소리에도 벌벌 떨면서 손을 번쩍 들고 나왔어요.

과연 그것을 어떻게 설명할 수 있을까요? 조선과 중국 두 나라가 피로 맺어진 혈맹으로서, 공동의 적인 미 제국주의를 물리치지 않고서는 생존을 보장할 수 없다는 정신력이 있었기에 가능했으리라 생각해요.

그러나 이같은 사실들을 깨닫지 못했다면 그처럼 커다란 힘으로 작용하지 못했을 거예요.

때로는 물질보다 정신이 크게 작용하기도 하지요.

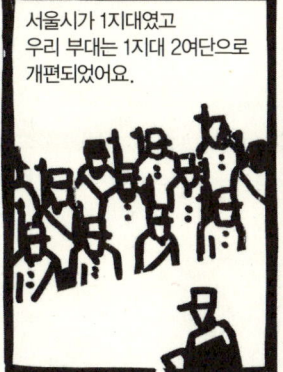

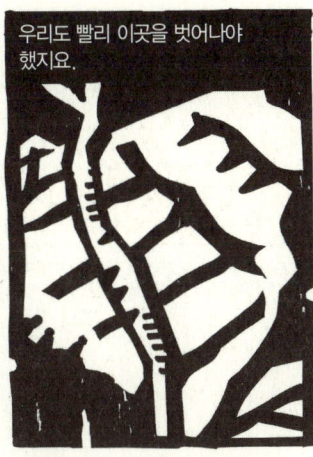

12월 초순, 우리는 계속 앞으로 나아갔어요.

빨치산 부대라 정규군과 붙을 수 없으므로 이리저리 돌아 나아갔지요.

인제, 홍천, 강릉, 평창 지역들을 맴돌았어요.

오대산에 왔을 때는 눈이 많이 쌓여 있었지요.

옷가지도 헐었고 먹을 식량도 없었지만

눈 내리는 오대산을 넘으면서 힘차게 오대산 빨치산 노래를 불렀어요.

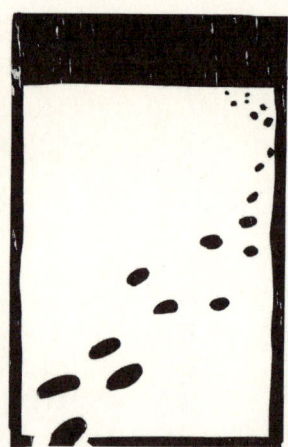

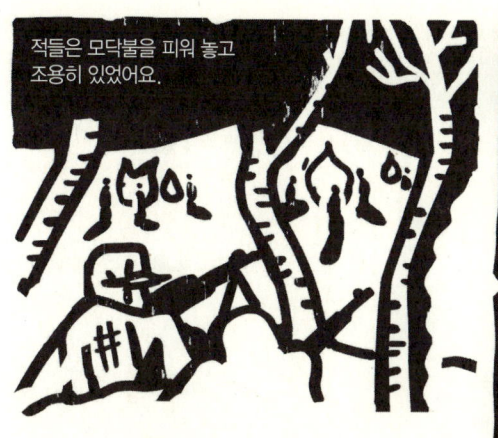

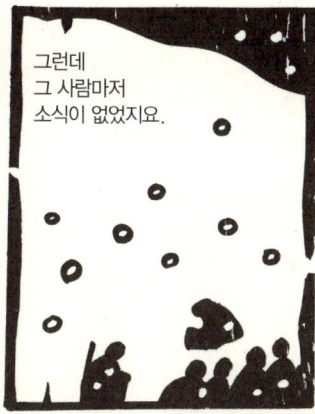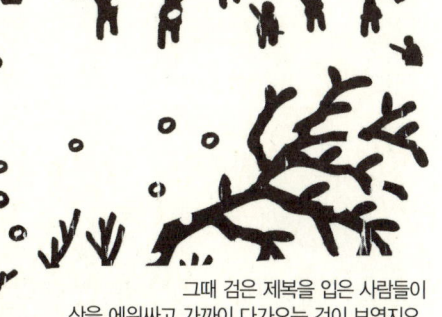

이런 때에는 정신력이 사람의 생사를 결정했지요.

세상을 떠나는
사람들도 있었지요.

중대장, 대대장 할 것 없이 지휘관들까지 동상으로
발이 상했어요. 동상은 화상 못지않았어요.

발이 시커멓게
부었군.

신발을 벗어 놓고 발을 들어 보니 온 발이 꽈리처럼
불어 터졌어요.

*기동로: 군사 용어. 작전이나 전투에서 지휘관의 의도에 맞게 탱크, 장갑차 따위와 포병, 기계화 보병 들이 이동하기로 결정한 도로.

검은 복장을 한 군인들이 우리 쪽으로 내려오는 것이었어요.

큰일났다!

연락할 시간도 없이 공포탄 한 발을 쏘고

죽을힘을 다해 기동로 옆 절벽에 올라섰는데

이미 우리 숙영지는 포탄을 맞아 불바다가 되었어요.

식량을 마련하러 나온 사람들만 모두 무사히 산 위로 올라왔지요.

아이고 이런.

우리는 그곳을 피해서 산등성이를 타고 계속 올라갔어요.

쌓인 눈은 얼어붙었고

나는 앞장서서 한동안 눈길을 뚫고 올라가야 했지요.

그동안 나는 건강하여 다른 사람보다 배로 활동해 왔는데, 얼어붙은 눈길을 헤치고 나가다가 신발 부리와 함께 발이 깎여 나가 걸을 수가 없었어요.

그래도 걸어야 했지요.

이보게, 서울이 해방되었다네. 올라오라는군.

좋아. 서울로 가자구.

눈 덮인 대관령을 넘었어요.

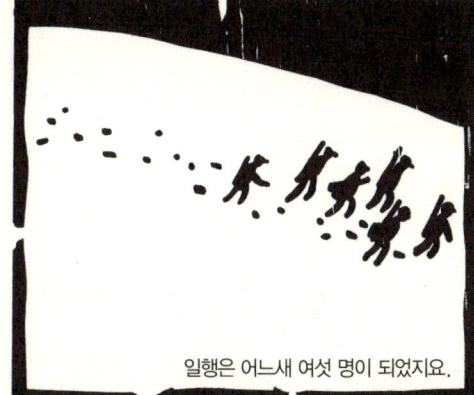
일행은 어느새 여섯 명이 되었지요.

난 동상으로 걷기 힘들었어요.

누군가 대관령 중턱 어느 민가에서 소를 빌렸는데,

도무지 소 등에도 붙어 있을 수가 없었어요.

할 수 없이 소를 주인에게 돌려주려는데 내가 다시 갈 수가 없어서 지나가는 인민군들에게 돌려주라고 부탁했어요.

그 뒤로 내내 소를 제대로 돌려주었을까 걱정도 됐지요.

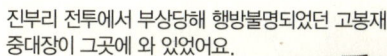

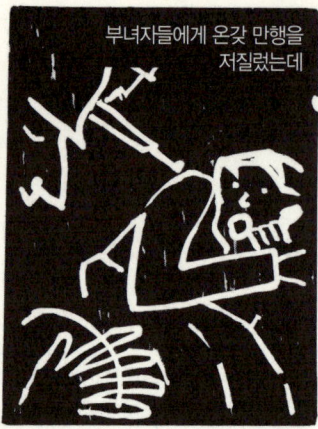

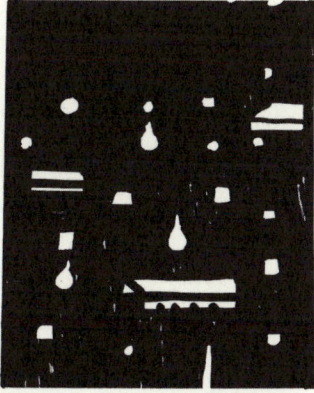

짧은 시간이었지만 어렵게 겪어 왔던
빨치산 생활이 그렇게 끝났어요.
지나간 시절이 마치 꿈과 같았지요.
누군가는 죽고 누군가는 살았어요.
전쟁은 아직 끝나지 않았지요.

눈 덮인 겨울 밤길을 혼자 걸었어요.

가파른 산길을 오르내리던 것에 견주면 어려운 일이 아니었지요.

전쟁이 스치고 지나간 자리는 처참하고 황량했어요.
하지만 이런 일을 늘 겪어 온 사람들은 그냥 예사로 받아들이지요.

혁명가의 길 403

다리 하나를 사이에 두고 신의주와 안동*은 분위기가 달랐어요. 신의주는 미군이 수없이 폭격을 했지만, 안동은 국제 여론이 나빠진 데다 대공포가 배치되어 있어 폭격이 쉽지 않았어요.

열두 시간쯤 기차를 타고 심양을 거쳐 하얼빈으로 갔지요.

멀리 보이는 마을은 바다 위에 떠 있는 섬처럼 보였어요.

하얼빈에서 다시 차를 갈아타고 송강성 일면파에 도착했지요.

내일부터 바로 수업이 시작되오. 여관에서 자고 아침에 오시오.

그날 밤 주변을 둘러보니 조선사람은 볼 수 없고 여기저기 사람들이 무리 지어 있는 게 보였어요.

*안동:지금의 단동

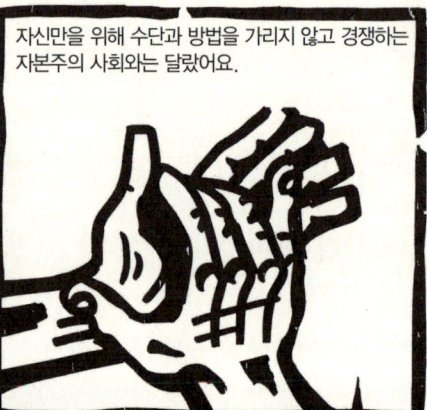

모든 경비는 중국에서 부담했구요.

이곳은 오월에야 풀잎이 돋아나고 강에 얼음이 풀리는데, 이 무렵에는 기분이 절로 유쾌해졌지요.

우리는 여기 있는 동안에 중국 인민들과 노동절 행사를 함께 했어요.

노동절 행사는 일면파 역 광장에서 했어요. 중국인 철도 노동자가 중심이고 학생과 농민, 사무 일꾼들이 많이 참석했어요. 우리는 학교에서 대열을 지어 시내로 갔어요. 광장에 세운 무대 앞에서 노동자들이 군악을 울리며 행군을 이끌었지요. 모두가 겨울옷을 그대로 입고 나왔는데 노동자들만 파란색 모택동 복장으로 갈아 입었어요. 행사 가운데 평생을 반일과 혁명 투쟁에 바쳤다는, 예순 살쯤 되어 보이는 여성 혁명 투사의 연설이 오래도록 기억에 남아요. 우리들은, 지금은 어려워도 끝내는 승리하리라는 자신감으로 '메이데이 행진곡'을 부르면서 힘차게 발걸음을 옮겼지요.

아 아 아

시내를 행진하는데 조선 옷을 입은 노인이 우리를 보고 우는 거예요. 당신은 멀리 떨어진 시골에서 사는데 이제껏 우리 조선사람이 이렇게 많이 당당하게 행진하는 것을 본 적이 없다고 해요. 객지에 나가면 고향 까마귀만 보아도 반갑다는데 노인의 마음이 어떻겠어요. 집에 돌아가서도 오래오래 잊지 않고 우리 이야기를 했을 거예요.

날이 풀리면서 밖에서 보내는 시간이 많아졌지요. 배운 것을 정리하러 백양나무 공원에 많이 갔어요.

5월 말에 일주일 동안 졸업 시험을 치렀어요.

학교에 와 두 달가량 학습하고 중간고사를 치르고는 다시 석 달 뒤 졸업 시험을 보는 것이었지요.

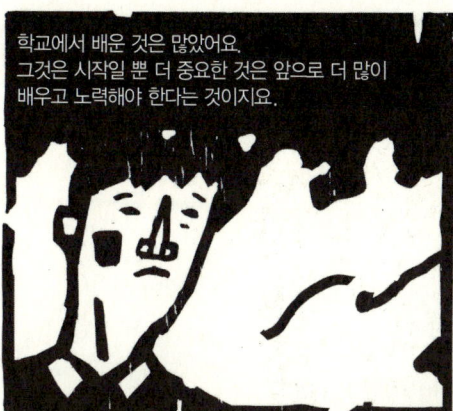

6월 7일, 학교를 출발해서 조선으로 돌아왔어요.

학교로 갈 때는 온 세상이 흰 눈에 덮여 있었는데 지금은 기름진 들판에서 농민들이 일하고 있어요.

신의주는 폭격으로 폐허가 되었고, 곳곳에 고사포가 배치되어 있었지요.

폭격 때문에 낮에는 쉬고 밤에만 움직여 평양에 왔어요.

1951년, 미국은 정전회담을 진행하는 중에도 도시와 농촌 할 것 없이 폭격을 했어요.

그렇게 해서 유리한 입장에 서려는 것이었지요.

8·15 즈음 해서는 한꺼번에 80여 대씩 비행기 편대가 떠 하루에도 몇 차례씩 평양을 폭격해 후방 인민들을 학살하기도 했어요.

그해 여름은 수해도 많았고 폭격도 심했지요.

세계의 정직한 사람들아, 지도를 펼쳐라.

싸우는 조선을 찾으라.

방금 섰던 이층 벽돌집이 무너지고,

가로수 허리 부러져서 길바닥에 뒹구노니

과수원 나무도 뿌리째 뽑히고 박우물 바위도 부서져

포연에 태양마저 붉게 타 버린 이 땅에서

도시와 마을을 찾지 마라……

남북 삼천리에 잿더미만 남았다.

태양도 검은 연기 속에서 피같이 타고 있는 조선!

폭격에 참새들마저 없어진 조선…….

허지만 사람들은 살아 있다.

불 속에서도 연기 속에서도 인민은 살면서 싸운다.

조선은 싸운다!

- 조기천 ('조선은 싸운다' 가운데)

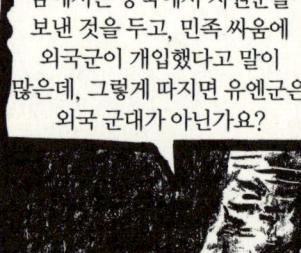

그리하여 중국이 일본에서 해방되는 데 아주 큰 역할을 했어요.

우리로서는 도움받는 게 당연했고, 중국도 도와주는 게 당연했지요.

그래서 특별히 빚진다고 생각하지 않았어요.

오히려 미국을 몰아내고 아시아와 세계 평화를 이룩한다는 목적에서

조선과 중국은 든든한 동맹국이라고 생각했지요.

하지만 목적이 같다고 해도 언어가 다르고 문화와 풍습이 다르기 때문에 마찰이 있을 수 있었어요.

그런 문제를 원만하게 해결하기 위해

체계를 갖추었지요.

모택동 주석이 처음 농민군을 조직할 때도 가장 중요하게 강조한 것은 수준 높은 이론이나 교양 같은 게 아니었어요.

그보단 실제적인 행동 수칙, 이를테면 인민에게 절대 피해를 주지 마라, 바늘 하나라도 빌리면 갚아라, 대소변은 장소를 가려서 보아라, 같은 것이었지요.

그런 일상적인 것들이 훨씬 더 사람들 마음에 와 닿았어요.

그래서 짧은 시간에 모택동을 지지하는 홍군들이 엄청나게 모였던 것이지요.

조선에 와서도 마찬가지였지요.

중국 지원군들이 수원까지 내려왔을 때 개성 이남에서도 지원군들을 접할 기회가 있었어요.

그때 사람들이 '세상에 다시없는 양반이 바로 지원군들'이라 했어요.

혁명가의 길 **439**

장풍군에 있는 동안 온 힘을 다해 열심히 일했어요.

일 년이 안 되는 시간이었지만 내 인생에서 가장 소중한 시간이었어요.

한편으로는 책임감으로 늘 어깨가 무거웠지요.

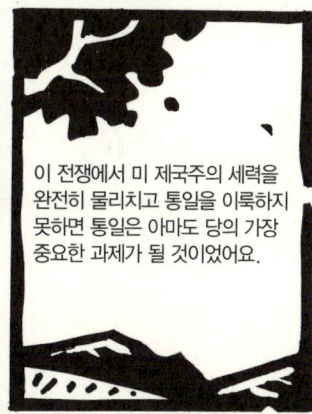

이 전쟁에서 미 제국주의 세력을 완전히 물리치고 통일을 이룩하지 못하면 통일은 아마도 당의 가장 중요한 과제가 될 것이었어요.

그러나 당시 상황은 전쟁이 쉽게 끝날 것 같지 않았지요.

양쪽의 힘이 팽팽한 상태로 정전회담이 진행되고 있고, 좀 더 유리한 조건으로 협약을 맺기 위해 양쪽 모두 힘을 다하고 있었어요.

그렇게 장풍군 인민위원회 부위원장 생활은 끝이 났지요.

나는 당 중앙 연락부에서 대남 사업을 위해 운영하고 있는 이른바 '금강학원'에 입학했어요.

다시 남으로 갈 날이 멀지 않았지요.

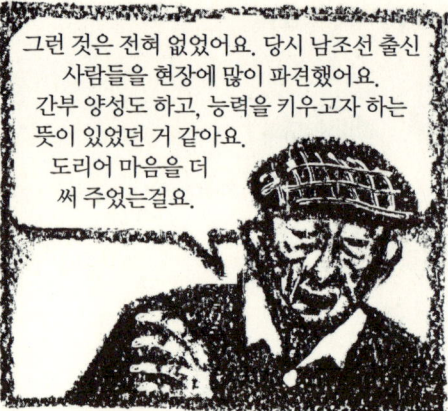

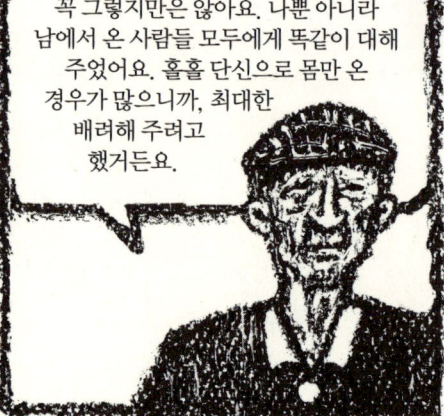

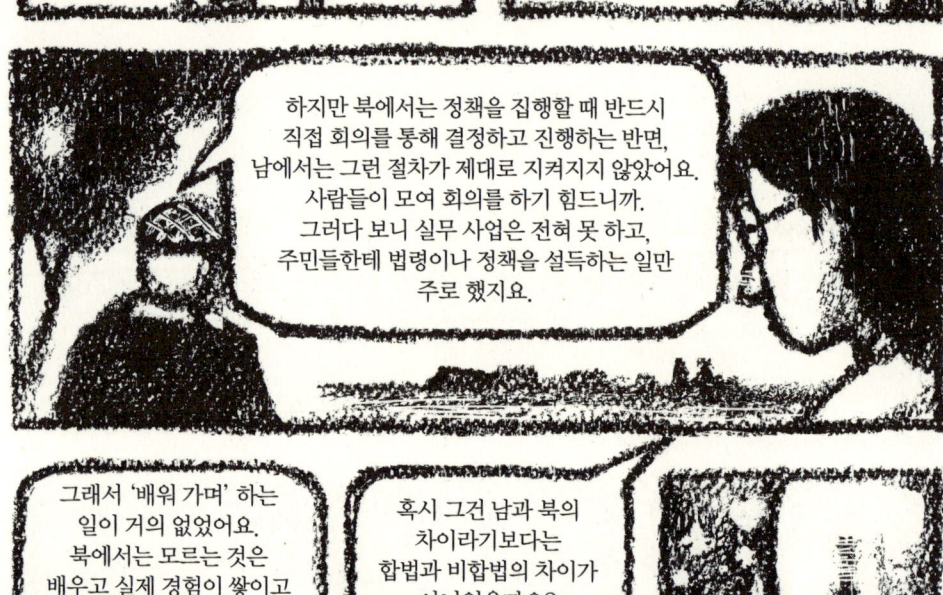
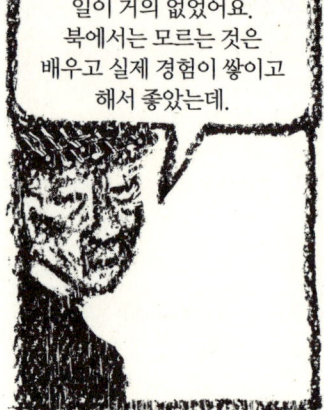

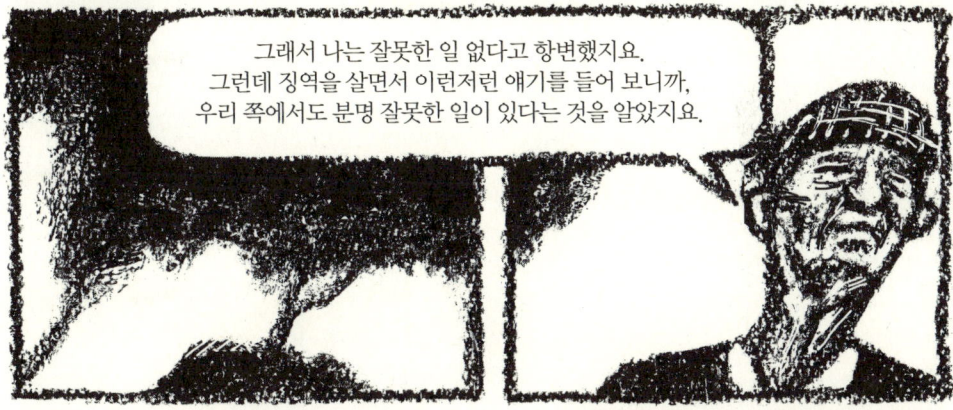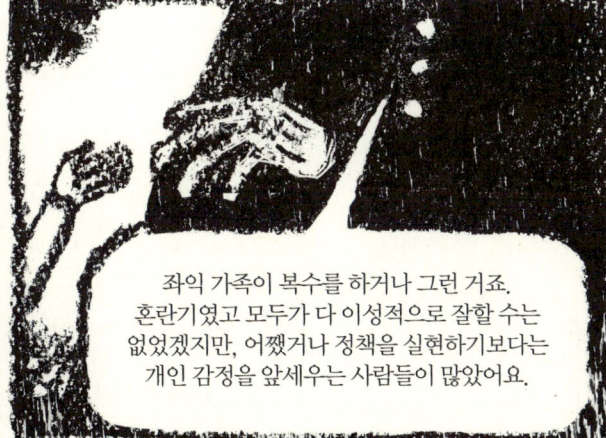

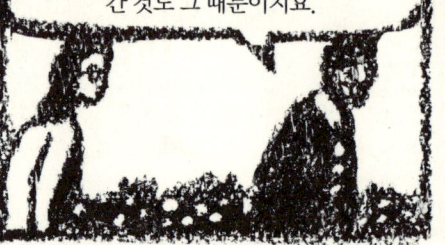

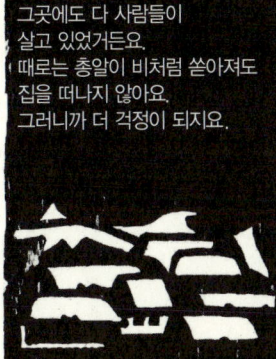
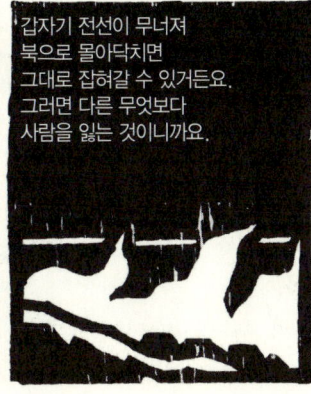

"그만큼 당에 대한 신뢰도가 높은 편이라는 뜻인가요?"

"예. 당에 대한 신뢰도는 거의 절대적이라고 할 수 있어요. 특히 전쟁을 겪는 과정에서 확고해졌지요."

"전쟁 전에도 당은 있었지만 당원 말고는 크게 느끼지 못했거든요. 그런데 전쟁이 나고 미군이 쳐들어오자 당원들이 모두 나서서 싸우는 모습을 인민들이 본 거예요."

"그러니까 당을 믿게 된 것이지요. 어려운 때 나서서 헌신적으로 인민들을 보호한 것을 아니까 당의 지도가 정당하다고 인정한 거지요."

"남에서는 북이 처음부터 협동조합을 구성한 줄 아는 사람들이 있어요.

그게 아닌가요?"

"처음에는 농민들의 생산 의욕을 높이려고 개인에게 토지를 다 나눠 줬어요. 당연히 반대가 심했지요."

"다 줘 버리면 나중에 협동조합을 만들 때 어려워진다고. 그것도 맞는 말이지만 당시 농민들은 자기 땅을 가져 보는 게 평생 소원이었거든요."

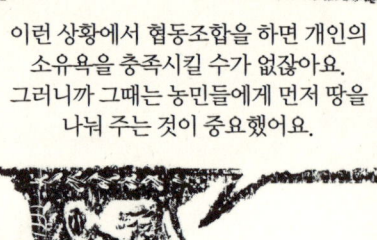

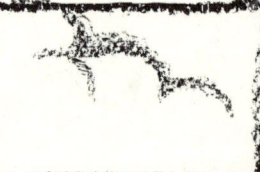

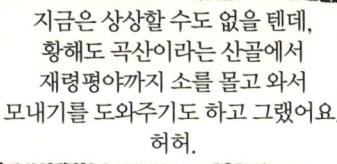

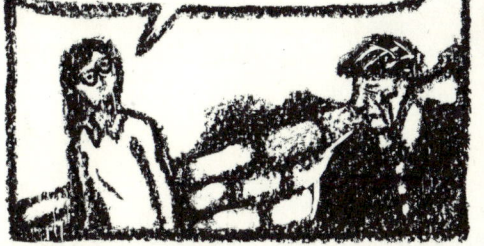

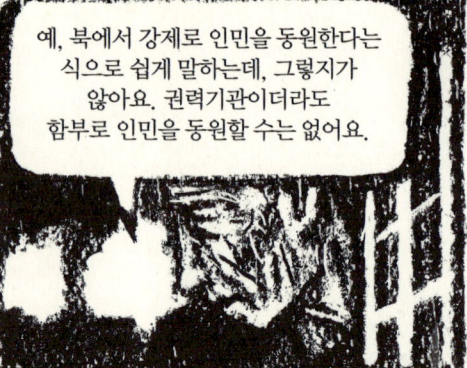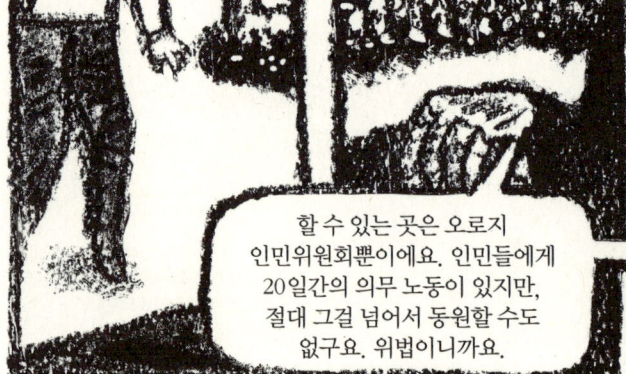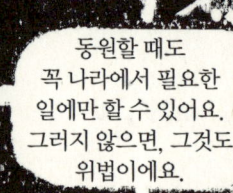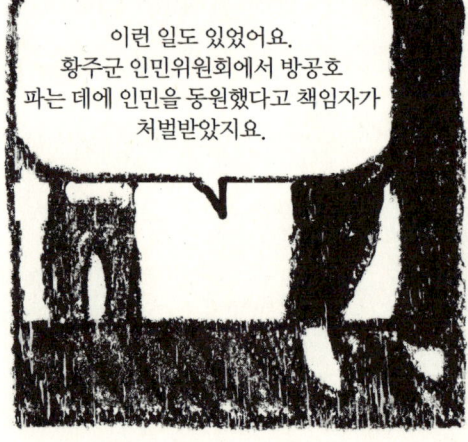

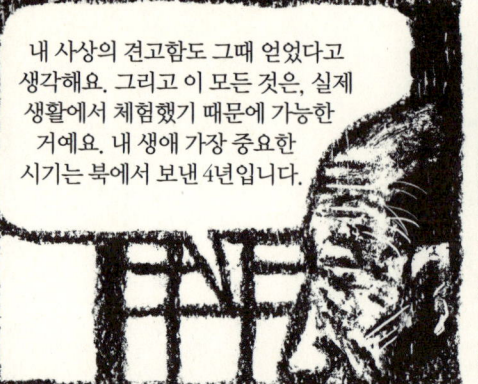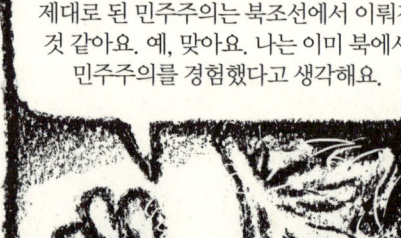

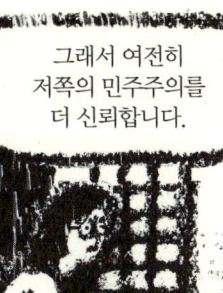
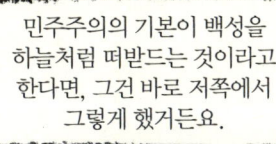
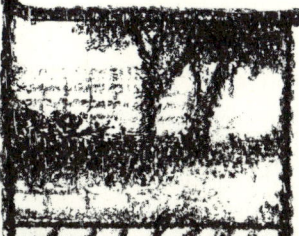

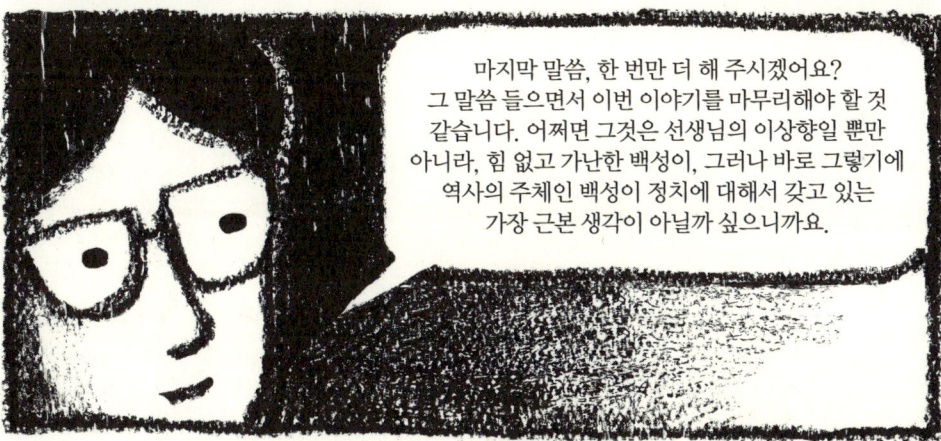

그렇다면 그건, 내가 북에서 다 경험한 것입니다.

5장
영웅과 간첩
(1952–1955)

금강학원은 강동학원 후신으로 대남 공작 학원이었어요.

학생은 주로 남조선 출신이고 대남 사업을 주도하던 중앙당 연락부에서 관리하였지요.

임무가 특수하다 보니 여느 학교와는 다르지요.

학생들은 군사반과 정치반으로 나뉘는데 나는 정치반이었어요.

반 이름은 낙동강이고 스물다섯 명씩 되었지요.

반마다 다섯 명씩 조를 짜 생활했어요.

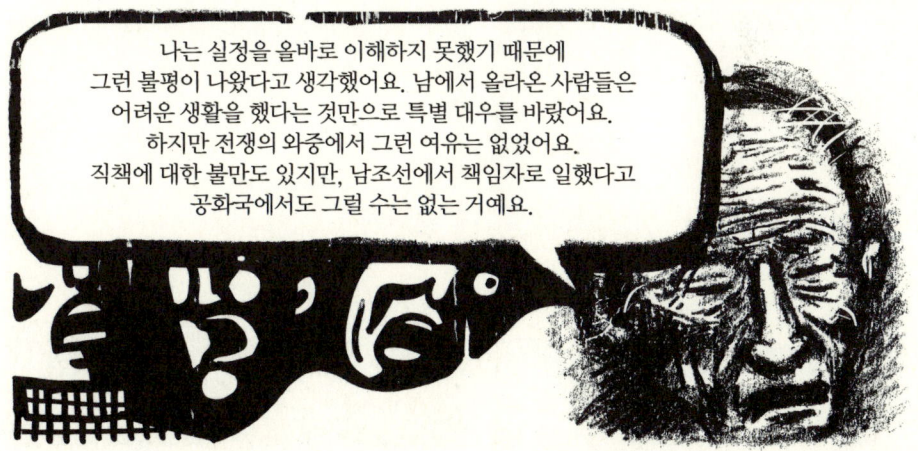

동지애 문제도 그래요. 남에서는 자기 재산을 팔아서라도 동지와 나눠 썼다고 하지만, 공화국에서는 능력대로 보수를 받아서 가족과 함께 생계를 꾸려야 하거든요. 일부 간부들이 좋지 못한 생활을 한다는 것도 사람이 다 완벽할 수는 없으니까요. 이 모든 불만은 말한다고 해결되는 게 아니에요. 그런데도 사람들은 암암리에 불만을 키워 왔던 거예요. '우리는 남에서 올라와서 곁방살이를 한다'는 식으로…. 어쨌거나 나는 이 토론이 마음에 와 닿지는 않았어요.

토론은 거의 2주 동안 했어요.

제 생각은 음….

처음부터 토론이 마음에 들지 않았지만 반론을 펼칠 용기도 없었지요.

그동안 많은 것을 배웠습니다. 앞으로 대남 사업도 좀 더 자신 있게 할 수 있을 것 같습니다.

우리가 남쪽에서 지하활동을 하는 것은 장차 공화국과 같은 사회를 건설하려는 것이지 지하 생활 자체가 목적이 아닙니다.

다른 사람들은 내 의견에 크게 공감하는 것 같지 않았어요. 그렇다고 반대 토론이 진행된 것도 아니고, 분위기는 한동안 어색했어요.

토론을 마치고 학원 생활로 돌아왔어요.

바쁘게 돌아가는 시간에도 군사 훈련과 운동도 하고

춤과 노래도 배워야 했지요.

환경 미화 사업도 하고, 밤에 영화 구경도 가고, 이곳 생활이 별로 어렵지 않았어요.

학습이나 체력도 자신이 있었어요.

다만 노래 부르고 춤추는 일만은 자신이 없었어요.

노래 못해요.

우리는 늘 같은 시간, 같은 공간에서 같은 일을 하고 생활까지 함께 했어요.

자연스럽게 사람들의 장단점을 알게 되더군요.

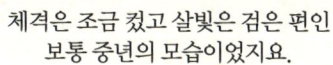

주변 마을 농민들이 풍물을 치고 행진하면서 환영했어요.
우리도 밤새 춤추고 노래 부르면서 새벽까지 놀았어요.

하지만 아직 끝이 아니었어요.

전쟁이 끝났다고 하지만 휴전한 것일 뿐이어서 석달 안에 통일 같은 주요 문제는 정치 회담에서 해결해야 했지요.

하지만 미국을 믿을 수는 없었어요.

1953년 휴전이 되고 처음으로 8·15 행사를 맞이했어요.

당에서는 8·15 전에 주요 도로와 철도를 완전히 연결하자고 했고 인민들은 불철주야 작업해 모두 마칠 수 있었지요.

이 사람이 이렇게 말하는 거예요.
나는 정말 저 사람이 통일과 혁명을 위하여
몸 바쳐 온 사람인가 다시 쳐다보았어요.
그 어려웠던 남쪽에서 목숨을 걸고 싸웠던 사람이,
이제 공화국에 와서 안정도 되고 결혼도 새로 하니까
시시각각 죽음이 닥쳐오는 대남 사업에
다시 동원되기 싫었던 거지요.

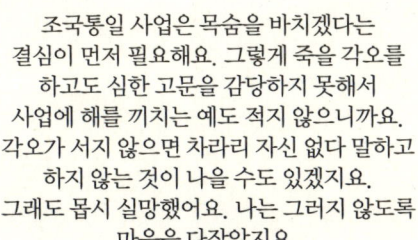

조국통일 사업은 목숨을 바치겠다는
결심이 먼저 필요해요. 그렇게 죽을 각오를
하고도 심한 고문을 감당하지 못해서
사업에 해를 끼치는 예도 적지 않으니까요.
각오가 서지 않으면 차라리 자신 없다 말하고
하지 않는 것이 나을 수도 있겠지요.
그래도 몹시 실망했어요. 나는 그러지 않도록
마음을 다잡았지요.

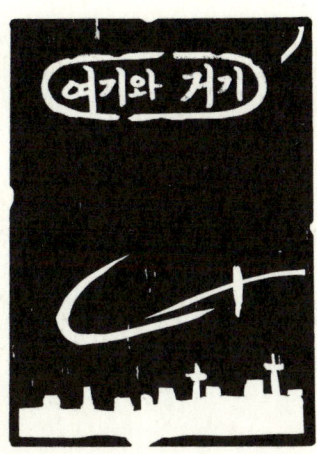

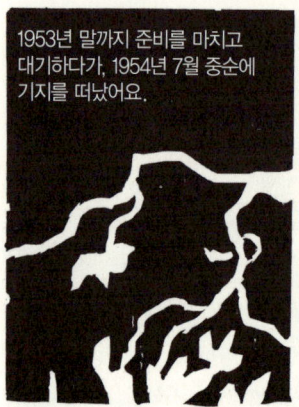

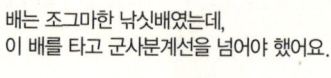

당시는 바다 위 분계선이 확정되지 않아서 북쪽 섬과 남쪽 섬이 섞여 있었지요.

첫날 밤에 항해한 거리는 얼마 되지 않았어요.

둘레가 어두워지자 물때를 맞추어 떠났지요.

얼마쯤 가다가 배가 멈춰 섰어요. 분계선 중간 지점에 있는 갯벌 위였어요.

갯벌이 생겨서 더는 갈 수 없어요.

무슨 일이요?

내일 새벽 밀물이 들어오면 떠날 수 있소. 그러니 안심하시오.

하지만 가까이서 물 위를 걷는 소리와 사람 말소리까지 들렸어요.

철벅 수군수군 철벅

안 되겠어요. 배에서 내려 살펴봅시다.

이 사건으로 책임 문제가 제기되었지만 사실은 준비가 부족했기 때문이었어요.

지도가 일제시대 때 것이라 그 뒤 토사 때문에 바뀐 지형과 맞지 않았다는 거예요.

이렇게 죽을 고비도 한 번 겪었어요.

전에도 숱한 일을 겪었지만 앞으로 얼마나 더 이런 일을 겪을지 알 수 없었죠.

30초만 더 지체했더라면 전멸했을 텐데 30초로 삶과 죽음의 경계를 넘었다고 생각하면서 너털웃음을 터뜨리고 말았어요.

다시 출발 준비를 한 것은 3주일이 지나서 8월 초였어요.

그날 날씨는 흐렸어요.

나는 남에서 복장을 어떻게 할지 많이 고민했는데 평범한 중년으로 위장하기로 했어요.

당시 내 나이가 서른다섯이 채 안 되었는데 열 살을 높여서 마흔다섯, 1910년 생으로 도민증을 만들었지요.

그런데 만나는 사람마다 눈여겨봐도 나처럼 입은 사람이 없었어요.

그래서 논두령으로 다니며 농사꾼처럼 보이게 했지요.

늙게 보이려고 수염도 기르고, 광목을 바래서 고의적삼을 만들어 입고 양말에 흰 고무신을 신었어요.

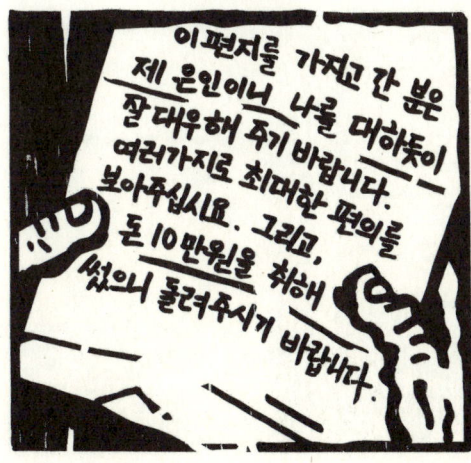

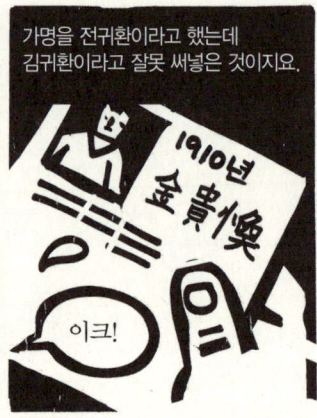

나는 할 수 없이 그 집을 떠나기로 했어요. 가정불화가 있는 집에서 사는 것은 처음부터 금했지요.

서울에 올라갈까 생각했지만 그보다 먼저 북쪽에 다녀오기로 했어요.

오랫동안 배를 탔고 지금도 선장으로 배를 끌고 다니는

김동석이란 뱃사람을 서천에서 만났는데

어이, 귀환이!

이 사람과 함께 장항에다 배를 한 척 사서 생활하기로 했지요. 시운전도 하고 가끔은 손님도 태웠어요.

장삿배로도 쓸 수 있고, 그러다가 때를 봐서 북으로 갈 수도 있다고 생각했지요.

그렇게 조금씩 북으로 들어갈 준비를 했어요.

장항과 웅천을 오가면서 생활하던 어느 날 선장하고 버스를 탔어요.

그런데 만나지 않아야 할 사람을 만났어요.

틀림없이 부안 경찰서에 있던 사람 같았어요.

설마 나를 알아볼까 싶어 가만히 있다가 내리려고 했어요.

그런데 버스가 종점에 도착했는데도 그 사람은 끝까지 내리지 않았어요.

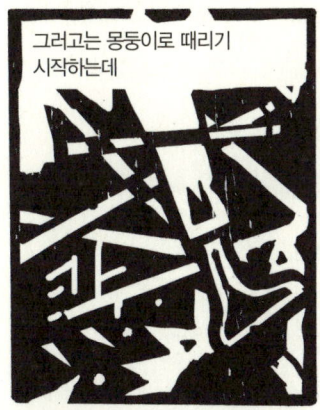

대체 내가 왜 이렇게 세상을 마감하게 되었는가 생각했지요. 무엇보다 퍽이나 조급했던 게 문제였어요. 지금 생각해 보면 50년이 지난 오늘에도 통일은 이루어지지 못했지요. 그러니까 한두 해를 기다리면서 일을 해도 급하지 않았는데…. 결국 내 남파 활동은 그렇게 끝이 났지요. 이제 남은 것은 다가오는 일들을 잘 정리하는 것 뿐이었지요.

나는 수차례 검찰 취조를 받았어요.

경찰이나 검찰이나 지금까지 취조한 것으로는 중죄가 될 만한 내용이 없었어요.

6·25 때 일은 이미 다 알려진 사실이고 공화국에서 한 일도 문제 삼을 수 없었지요.

그래서 취조 내용은 주로 한집에 살고 있던 주인이 내 신분을 알고 있었냐는 것이지요.

아니오.

끝까지 모른다고 했어요.

모르고 있었습니다.

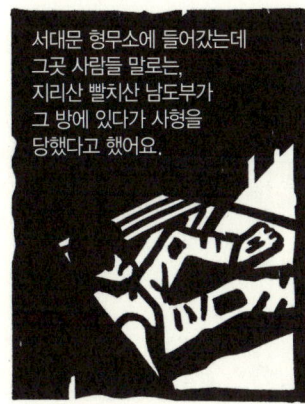

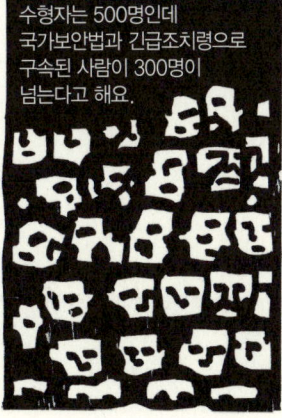

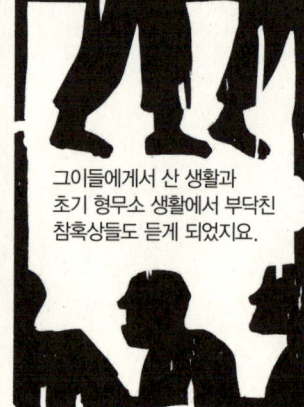

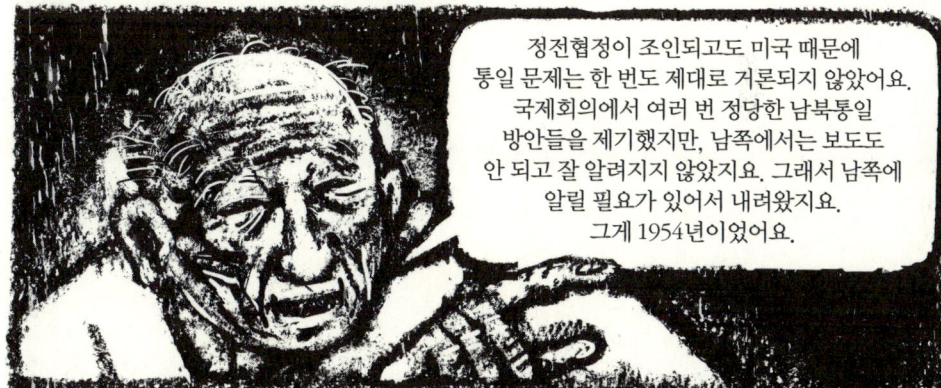

박헌영이 공화국에 와서는 부수상, 부위원장이었는데 김일성 위원장보다 더 위에 있다고 생각한 거예요. 그게 똑똑한 척인 거죠.

모든 죄상이 폭로된 뒤에도 모르는 일이라고 주장했구요. 그래서 이승엽을 비롯한 열두 명은 일찍 재판이 끝났지만 박헌영은 1955년에야 재판을 하게 되었어요.

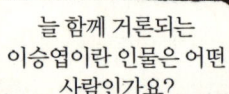

늘 함께 거론되는 이승엽이란 인물은 어떤 사람인가요?

사실 이승엽은 남쪽에 있을 때는 알려지지 않았던 인물이에요. 해방 뒤 박헌영의 신임을 받아 일하게 되었는데 처음부터 문제가 있었지요. 남에서 이승엽이 일본의 끈을 이용해 막대한 이윤을 남기는 식량영단* 사업을 이끌었거든요. 그런데 박헌영이 전혀 문제 삼지 않았어요. 그래서 이승엽은 당비서에 사법성, 국가검열상까지 지낼 수 있었던 거예요.

그런 사람이 나중에는 쿠데타를 모의하는군요.

법정에서 이승엽은 쿠데타 음모를 시인했어요. 그래서 그때 "미국이 너희에게 정권을 줄 것 같았느냐? 미국이 정권을 준다면 어떤 정부를 조직하려고 했느냐?" 하고 묻자,

*식량영단 : 국가 공익사업을 수행하고자 정부와 민간인이 서로 반씩 자본을 대어 설치하는 특수 재단.

유고와 같은 정부를 조직하려고 했다.

유고의 지도자였던 티토가 반소련 성향을 지니지 않았나요? 그래서 미국의 원조도 받아낼 수 있었던 것이고.

내가 남쪽에 와서 이런 얘기를 하면 사람들이 통 믿지를 않아요. 시간이 지나고 나니까 이제는 좀 믿더라고요.

딱히 시간이 지나서 믿었다기보다는 여러 가지 정황이 알려지면서 조금씩 진상이 밝혀진 것이 아닐까 싶은데요.

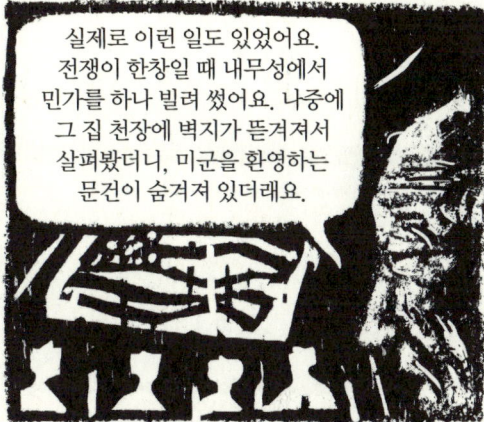
실제로 이런 일도 있었어요. 전쟁이 한창일 때 내무성에서 민가를 하나 빌려 썼어요. 나중에 그 집 천장에 벽지가 뜯겨져서 살펴봤더니, 미군을 환영하는 문건이 숨겨져 있더래요.

조사를 해 봤더니, 배후에 이승엽 도당의 하나인 임화가 있더라는 거예요. 미군이 들어올 것을 대비해서 미리 준비해 둔 것인데 막상 미군이 거기까지 못 들어오니까 마땅히 숨길 데가 없어서 급한 마음에 천장에 숨겨둔 것이었지요. 그렇게 증거가 하나씩 드러나고 있었던 겁니다.

"조금씩 야금야금 간첩질이 시작된다고요? 표현이 재미있습니다."

"이강국이 좋은 예입니다. 독일 유학을 마치고 돌아올 때 이강국은 미국에 충성하겠다는 백지 서명을 한 사실이 있어요. 당시로서는 일본을 몰아내려면 미국과 손을 잡아야 하는 상황이었거든요. 미국이 그걸 꼬투리 잡고서 이강국한테 선을 대려고 했을 때 이강국이 조금 더 용기를 내서 먼저 사실을 인정하고 폭로해 버렸어야 하는데"

"이강국은 그걸 약점이라 생각하고 지레 겁을 먹은 거예요. 그래서 일단 뭐든 넘겨주었는데, 그게 조직의 간부 명단이었다고 해요. 사실 중요한 문건은 아니었지요."

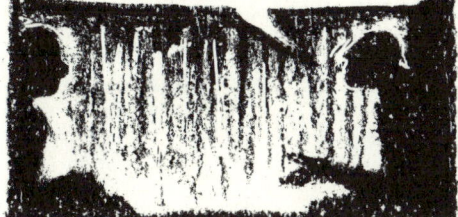

"이강국 쪽에서는 제공할 만한 중요한 자료가 별로 없었어요. 북에서 외교국장을 지낸 정도였으니까요. 그런데도 질질 끌려다니다가 결국 이강국에게 남은 게 뭐였나요?"

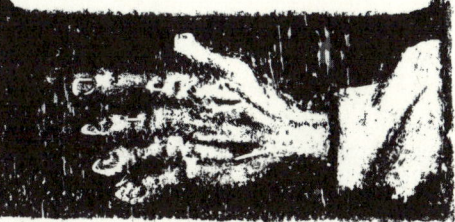

"간첩이라는 오명과 사형선고, 맞지요?"

"그래요. 이강국은 부르주아 민족주의와 공산주의 두 길에서 부르주아 민족주의를 선택했을 뿐이라고 했어요."

"그런데 이강국이 끝내 잘못 생각한 게 있습니다. 나쁜 것은 부르주아 민족주의가 아니라 바로 간첩질이에요. 부르주아 민족주의에는 죄가 없습니다."

'나쁜 것은 부르주아 민족주의가 아니라 간첩 행위다.' 그러고 보면 선생님은, 이런 표현을 용서하신다면, '골수' 사회주의자인 듯 하면서도, 정작 다른 체제에 대해서는 상당히 너그러우십니다.

그야 부르주아 민족주의자라도 새로운 조국 건설에 함께하고자 한다면 다 끌어안아야 하니까요. 앞서 했던 통일전선 이야기도 그 맥락에서 이해할 수 있을 거예요.

미국 세력에 반대하는 사람이라면 그 사람이 어떤 이념을 가졌든 누구나 다 함께 통일로 나아가야 하는 것이 당연한 일이라고 생각해요.

평생 선생님이 쌓아오신 것, 이를테면 세계관이나 혁명관 또는 주체사상 같은 이야기를 좀 들었으면 하는데요.

어디서부터 시작을 해야 할까요. 주체철학은 인식 문제를 두고 여러 입장 차이가 있지만, 무엇보다 철학의 대상이 인간이라는 것이 중요합니다. 인간의 기본이 무엇인가 하는 문제가 중심에 놓인다고 할까요.

물론 맑스 이론을 연구해 온 기초 위에서 주체철학을 받아들이는 것이지요.

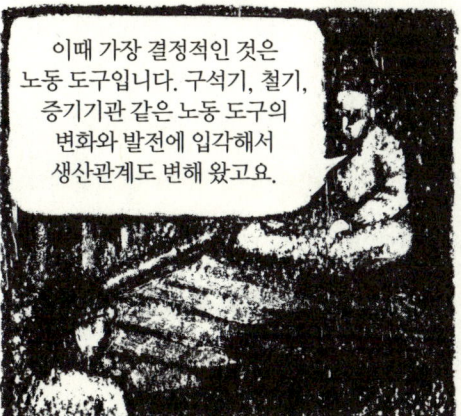

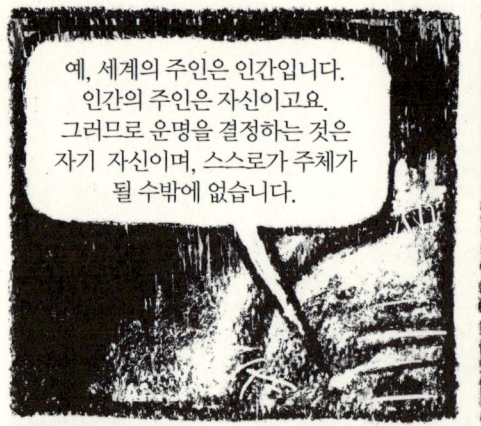

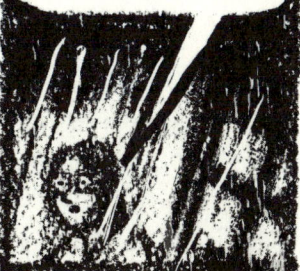

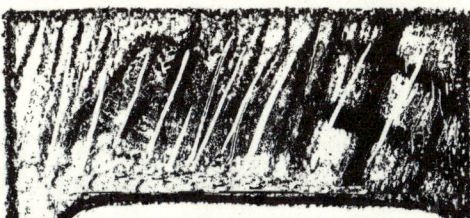

그렇지요. 민중은 혁명에 동참했지만, 열매는 돌아오지 않았어요.

혁명이 일어났다고 해도 결국에는 상층부만 교체된 것에 불과하니까요.

바로 그 점이 자본주의의 한계이고, 또 사회주의 혁명과는 다른 점이 되겠군요.

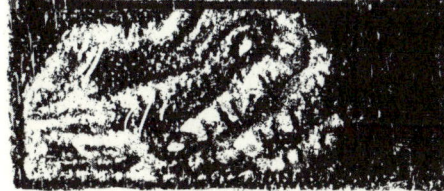

사회주의 혁명은 권력을 쟁취한 다음에 비로소 새로운 생산관계를 맺을 수 있도록 하니까요. 사유재산을 국유화한다는 것은 자본주의 사회에서는 도대체 상상도 할 수 없는 제도 아닙니까?

바로 거기에서 새로운 체제를 시작하는 것이지요. 그러니까 프롤레타리아 계급이 정권을 빼앗아서 그것을 국유화한다는 것은, 권력을 쟁취함으로써 모든 것이 완료되는 것이 아니라 그때서야 비로소 모든 것이 '시작'된다는 것을 뜻합니다.

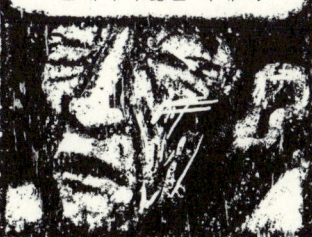

혁명은 권력을 잡은 순간 비로소 시작돼야 한다구요?

그래요. 사회주의 혁명도 권력을 쟁취한 뒤에 이루어졌지만 그렇다고 하나의 사회가 완성됐다는 것을 뜻하는 것은 아니에요.

인간 의식을 바꾸면서 좀 더 높은 사회로 전진해야 하죠. 더 높은 수준의 사회는 있을망정, 완성된 사회는 앞으로도 영원히 존재하지 않을 거예요.

혁명가의 길 549

그렇다면 대체 어떻게 해야 좀 더 높은 사회로 나아갈 수 있을까요?

그 점에서 나는 '인간의 의식 개조'가 가장 중요하다고 믿고 있습니다. 인간은 오랫동안 사유 제도 속에서 살아왔기 때문에, 평등하고 자유로운 사회를 만들기가 결코 쉽지 않습니다.

그래서 더욱 의식을 바꾸는 일이 필요하다고 생각해요. 물질보다 더 중요한 것은 언제나 인간의 정신이에요. 미국이 쿠바같이 작은 나라도 어쩌지 못해서 쩔쩔매고 있는 것을 보아요. 또 미국이 50년 동안이나 온갖 모략과 압박을 가하면서 북조선을 없애려고 하지만 북조선은 여전히 건재하잖아요. 이것은 정신 싸움이에요.

그 이유를 사람에게서 찾으시는군요.

남에서도 박정희 독재를 겪지 않았나요? 그때 학생들이 끊임없이 일어나서 항거했습니다. 북이 미국에 대해서 아직도 저렇게 당당한 것은 그 사회가 독재 체제이기 때문이 아니라 그것이 옳기 때문에, 옳다는 것이 북의 인민들에게도 광범위하게 받아들여지고 있기 때문이에요.

예, 그 사회의 인민들이 당과 수령, 곧 지도자를 중심으로 똘똘 뭉쳐 있기 때문에 못 없애는 거예요. 북이 아무리 독재 사회라지만, 인민들의 저항이 거세다면 저렇게 유지될 수가 없지요.

그러니까 선생님 사상의 핵심은 바로 '사람'이군요. 노동력의 핵심, 역사의 주체, 그러나 완전하지 않으며 끊임없이 의식 개조를 해야 하는 존재.

그것을 이른바 '민중'이라는 말로 표현해도 괜찮을까요?

전에 선생님이 하늘처럼 떠받들어야 한다고 한 바로 그 '백성'이라는 표현으로 바꾸어도 되는 거지요?

허허. 그렇게 보아도 되겠지요. 진정한 혁명이란 바로 백성, 사람, 민중에게서 시작된다고 나는 믿어요.

그리고 그 믿음이 나의 바탕이라고 생각해요.

**6장
역사는 한 번도 나를
비껴가지 않았다** (1955–1991)

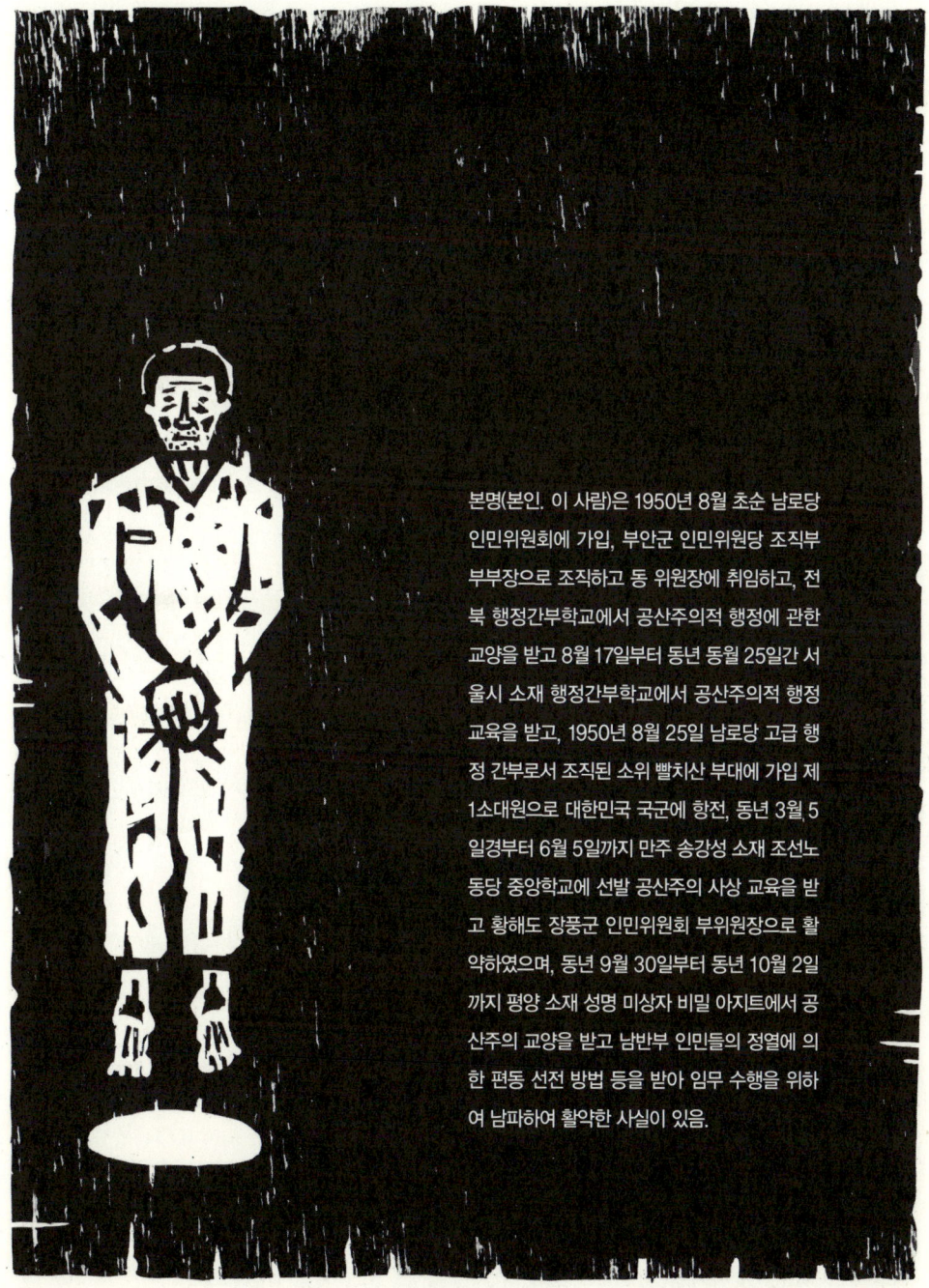

본명(본인, 이 사람)은 1950년 8월 초순 남로당 인민위원회에 가입, 부안군 인민위원당 조직부 부부장으로 조직하고 동 위원장에 취임하고, 전북 행정간부학교에서 공산주의적 행정에 관한 교양을 받고 8월 17일부터 동년 동월 25일간 서울시 소재 행정간부학교에서 공산주의적 행정 교육을 받고, 1950년 8월 25일 남로당 고급 행정 간부로서 조직된 소위 빨치산 부대에 가입 제1소대원으로 대한민국 국군에 항전, 동년 3월 5일경부터 6월 5일까지 만주 송강성 소재 조선노동당 중앙학교에 선발 공산주의 사상 교육을 받고 황해도 장풍군 인민위원회 부위원장으로 활약하였으며, 동년 9월 30일부터 동년 10월 2일까지 평양 소재 성명 미상자 비밀 아지트에서 공산주의 교양을 받고 남반부 인민들의 정열에 의한 편동 선전 방법 등을 받아 임무 수행을 위하여 남파하여 활약한 사실이 있음.

좌익 재소자 사상 동향 카드

1955. 11. 9. 국가보안법 위반 및 간첩 미수죄로 서울 교도소 입소.
1955. 11. 25. 징역 무기 확정.
1969. 4. 23. 전향 공작 실시. 조효석 반공연맹 목포 지부장
1972. 4. 28. 본명은 이북 제도가 낫다고 주장하고, 또 미군 주둔을 비판한 자로 전향 가능성이 희박한 자임.
1974. 10. 11. 종교 문제에 있어 중세기의 모순을 들어 크게 반발하고 자본주의의 16세기, 18세기 양상을 들어 공박하고 있음.
1976. 5. 10. 전향 권유를 하며 동향을 파악하니 무식하여 반응이 없으나 공산주의를 맹종하고 있음.
1976. 6. 5.   전향 권유를 하였더니 신념의 문제이기 때문에 할 수 없다고 완강한 태도를 보임.
1977. 1. 12. 새해에는 어떤 결단을 내려서 전향하도록 노력하자고 할 때 빙긋이 웃고만 있었다.
1977. 8. 31. 공산주의 유물론은 궁극적으로 인류 사회에 평화를 이룩하는 것이다. 하지만 민주 사회는 사회체체를 유지하기 위해 궁극에 가서는 인민을 위하는 것이 아니고 자본가를 위해 노력하는 것이라고 하며 자유 민주주의 그 자체에 속임수가 있다고 함.

1978. 8. 31. 공산주의 맹신자로 공산주의 사상이 옳다고 광신함.

1979. 2. 26. 가족 접견 시행함. 20년 만에 만나는 처남과 아들 허진을 접견하며 옛 친우들의 소식을 듣고, 친족들의 안부를 묻고, 고향 생각에 젖어 흐느끼는 듯 눈물을 흘렸음. 자식의 장래를 생각해서 전향할 것을 권유함.

1979. 5. 28. 가정 탐방 시행함. 허영철의 처가 살고 있는 김제를 27일에 다녀와서 가족 소식을 전하였음. 처 조경자는 정이 떨어져서 이제는 남남이 되었다고 하였으나, 자녀의 앞날을 위해서라도 면회를 와서 전향을 권유하여 협조해 줄 것을 당부함.

1980. 8. 22. 전향 공작 상담.

　※ 가족 관계에 대하여 : 흥미 없다 하더니 자식에 대한 애착심이 엿보이고 있음.

　※ 인생관에 대하여 : 사는 데까지 살아 보겠다고 함.

　※ 자기가 소지하고 있는 사회주의 사상은 절대 포기할 수 없다고 말하며 전향을 극히 반대하고 있음.

1980. 8. 25. 사상적 고정관념은 포기할 수 없다고 말하며 공산주의를 신봉한다고 굽히지 않고 말함. 가정의 그리움과 자식에 대한 사랑이 있으며 눈물을 흘림.

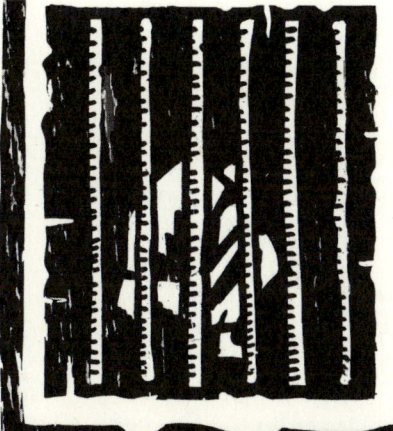

1981. 3. 30. 공산주의 사상은 포기할 수 없다며, 자기가 지은 죄는 올바른 판단으로 혁명 과업을 이룩해야 되었을 것을 못한 일이라며 망상에 걸려 있는 광신분자임.

1982. 6. 29. 가족 접견 후로부터 마음이 괴로워하는 표정이나, 계속적 상담을 통하여 가족 윤리관 및 인생관에 대하여 새로운 삶을 찾을 수 있도록 심리 유도하였으나 거부하는 태도임. 지난 상담 시보다 마음이 상당히 누그러진 상태임.

1982. 9. 29. 일생을 공산주의를 신봉하여 왔기 때문에 늙은 주제에 그 사상을 이제 포기할 수 있겠느냐 하면서 자기가 지지하고 있는 사회주의 사상을 버릴 수 없다며 고집하고 있음.

1984. 7. 26. 교도소 내 반공 사진 전시회에 참관하고, 민족의 비극을 새삼 느끼고, 북괴의 무력 도발 행위에 적개심을 나타내고 있음.

1984. 7. 29. TV 시청(LA 세계 올림픽 개회식)하고 인류 평화 정신에 감탄하며 자유 세계의 우월성을 인식함.

1984. 9. 29. 최근 민주주의 활동과 우월성을 설명하고 늙고 남은 생을 전향하여 자유롭게 살 것을 권유한 바, 지금까지 고집한 사상을 전향할 수 없다며 단호히 거부함.

1984. 10. 31. 골수 사상 고정자로서 말을 해도 싱글싱글 웃으며 무표정하게 전향할 의사를 보이지 않음.

1986. 2. 5. 전향 공작 상담. 연고 연계가 잘 되어 있는 자로서, 하루 속히 망상에서 벗어나 새로운 진로를 찾도록 종용하였으나 사상에서는 변전이 없다고 하며 거부하고 있음.

1986. 11. 29. 지식적인 면에서는 별반 아는 것이 없으나 공산주의 사상을 무조건적으로 맹신하며 전향을 계속적으로 거부하고 있음.

1990. 1. 5. 1990년 새해를 맞이하여 이데올로기 싸움에서 탈피하여 이제는 올바른 현실적 인식을 바탕으로 생활해 줄 것을 당부하고 건강에 유념하기를 설유함.

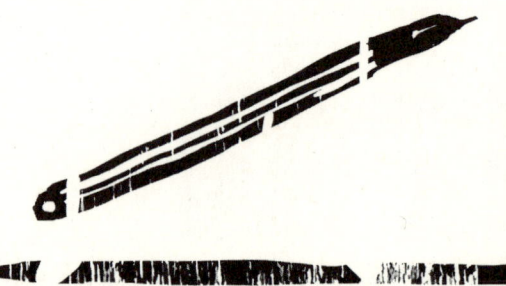

1990. 3. 14. 가족이 절실히 원하고 있는 출소를 통한 결합된 삶을 영위할 것을 설유하고, 변화되어 가고 있는 소련과의 교역 및 동구 사회주의 국가들과의 수교 등을 설명하면서 이제는 북한도 하루 빨리 개방의 문을 열어야 할 것을 설명함.

1990. 7. 11. 가족과 연락이 단절되다시피 하였음을 원망하기에 밖에서 생활하고 있는 가족들이 인정할 수 있고 납득할 수 있도록 올바른 현실적 인식을 당부하고 하루 빨리 과거 집착에서 탈피하도록 설유함.

1990. 9. 14. 과거에 대한 강한 집착을 표시하는 가운데 가족의 간곡한 전향 권유에 불만을 표출하며 교도소 내에서 삶을 영위할 것임을 표함.

1991. 1. 3. 미지의 일본인으로부터 격려 서신 있었으나 불허함.

1991. 2. 20. 대전지검 원정석 검사 면접. 고령 노쇠자로 석방 조치할 경우 거주지, 보호 관계, 대한민국의 국법 질서 수용 태도, 가족 및 주위와의 유대 정도 등을 심사하기 위함. 심사 후 상기된 표정임. 석방 가능성을 감지한 듯 출소하면 가족이 환영할지 모르겠다고 함.

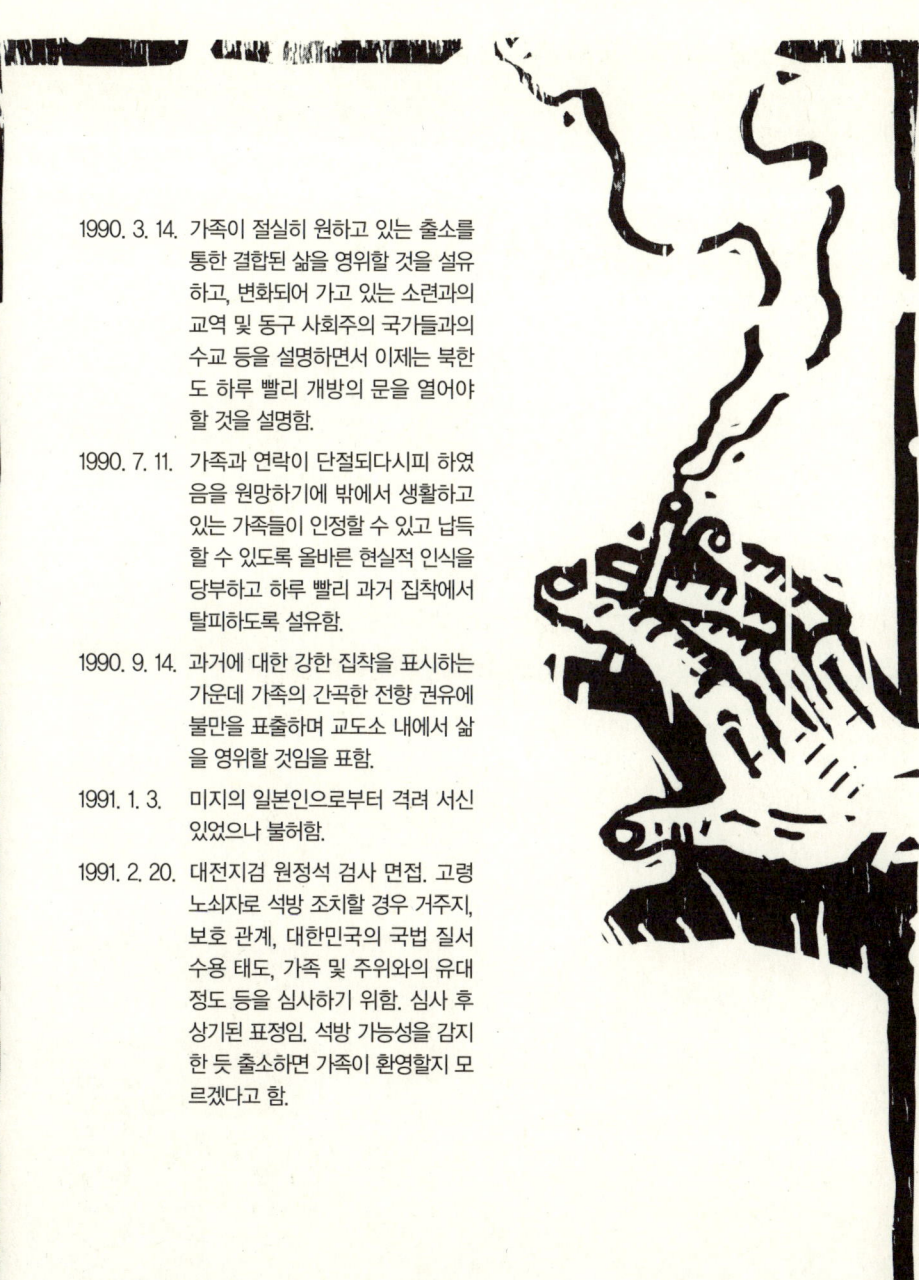

【허영철 서신 기록】

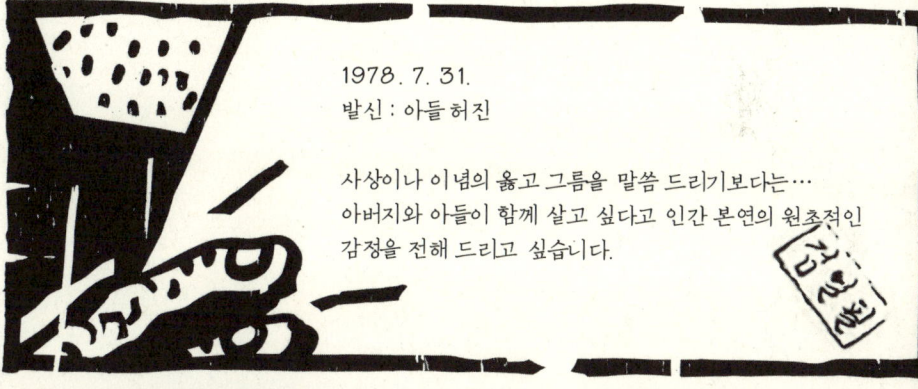

1978. 7. 31.
발신 : 아들 허진

사상이나 이념의 옳고 그름을 말씀 드리기보다는…
아버지와 아들이 함께 살고 싶다고 인간 본연의 원초적인
감정을 전해 드리고 싶습니다.

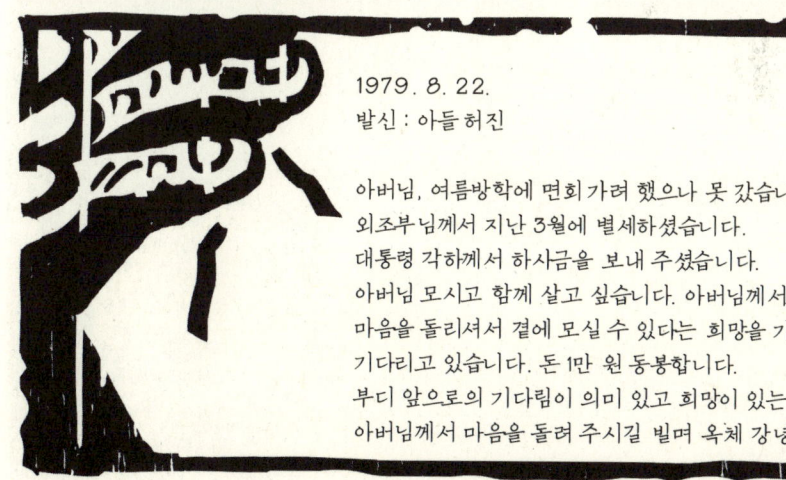

1979. 8. 22.
발신 : 아들 허진

아버님, 여름방학에 면회 가려 했으나 못 갔습니다.
외조부님께서 지난 3월에 별세하셨습니다.
대통령 각하께서 하사금을 보내 주셨습니다.
아버님 모시고 함께 살고 싶습니다. 아버님께서도 속히
마음을 돌리셔서 곁에 모실 수 있다는 희망을 가지고
기다리고 있습니다. 돈 1만 원 동봉합니다.
부디 앞으로의 기다림이 의미 있고 희망이 있는 것이 되도록
아버님께서 마음을 돌려 주시길 빌며 옥체 강녕 빌겠습니다.

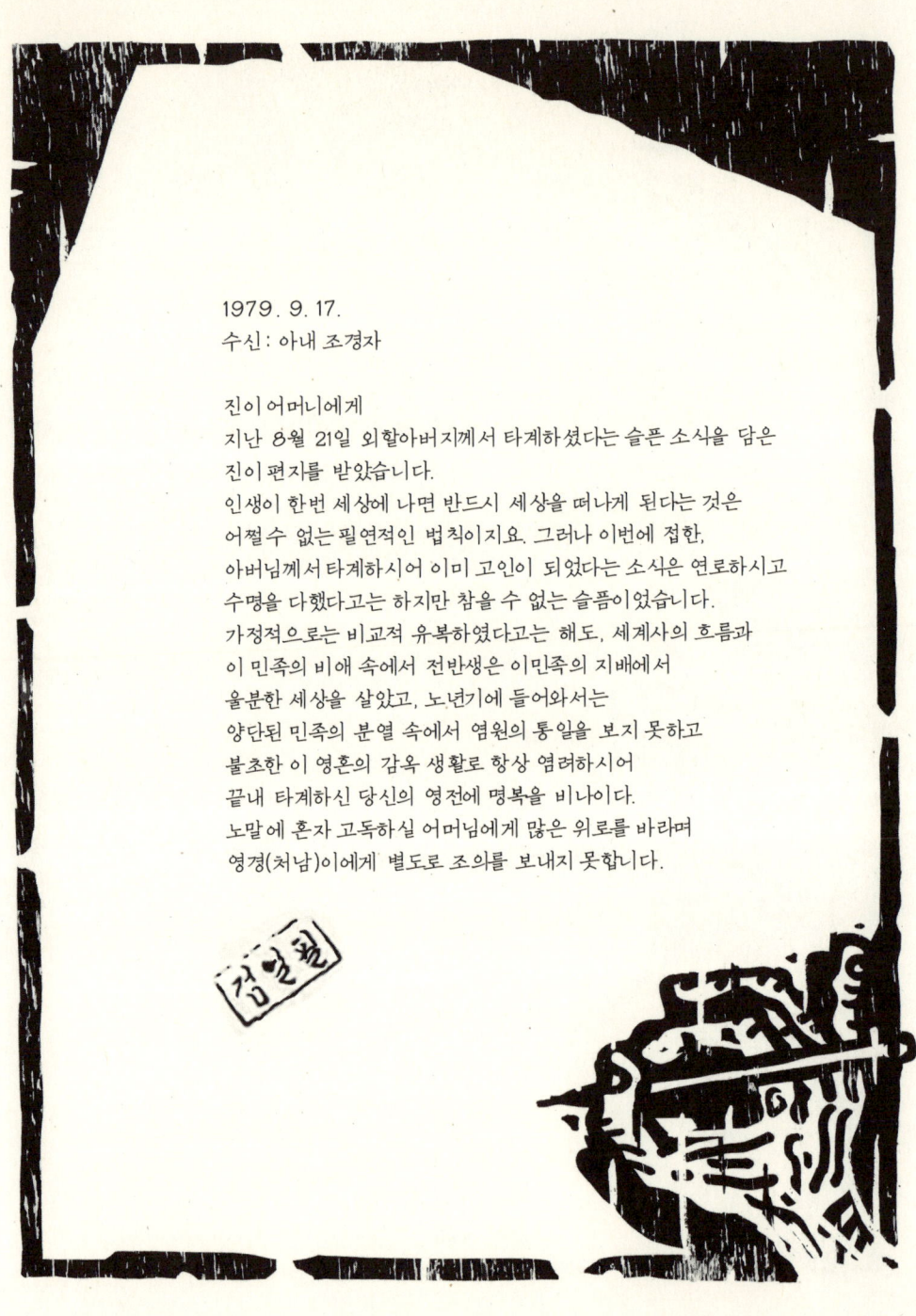

1979. 9. 17.
수신 : 아내 조경자

진이 어머니에게
지난 8월 21일 외할아버지께서 타계하셨다는 슬픈 소식을 담은
진이 편지를 받았습니다.
인생이 한번 세상에 나면 반드시 세상을 떠나게 된다는 것은
어쩔 수 없는 필연적인 법칙이지요. 그러나 이번에 접한,
아버님께서 타계하시어 이미 고인이 되었다는 소식은 연로하시고
수명을 다했다고는 하지만 참을 수 없는 슬픔이었습니다.
가정적으로는 비교적 유복하였다고는 해도, 세계사의 흐름과
이 민족의 비애 속에서 전반생은 이민족의 지배에서
울분한 세상을 살았고, 노년기에 들어와서는
양단된 민족의 분열 속에서 염원의 통일을 보지 못하고
불초한 이 영혼의 감옥 생활로 항상 염려하시어
끝내 타계하신 당신의 영전에 명복을 비나이다.
노말에 혼자 고독하실 어머님께 많은 위로를 바라며
영경(처남)이에게 별도로 조의를 보내지 못합니다.

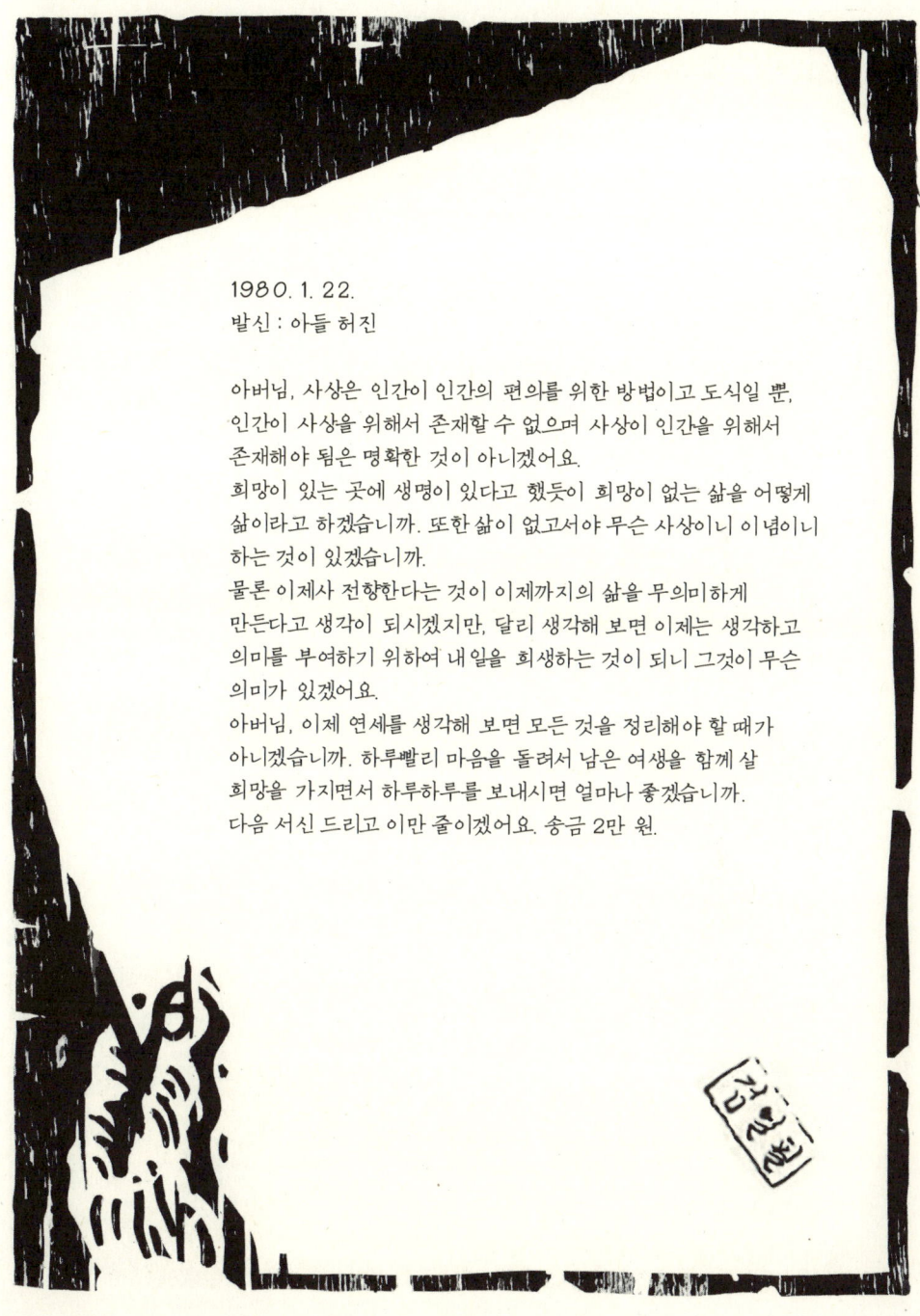

1980. 1. 22.
발신 : 아들 허진

아버님, 사상은 인간이 인간의 편의를 위한 방법이고 도식일 뿐, 인간이 사상을 위해서 존재할 수 없으며 사상이 인간을 위해서 존재해야 됨은 명확한 것이 아니겠어요.
희망이 있는 곳에 생명이 있다고 했듯이 희망이 없는 삶을 어떻게 삶이라고 하겠습니까. 또한 삶이 없고서야 무슨 사상이니 이념이니 하는 것이 있겠습니까.
물론 이제사 전향한다는 것이 이제까지의 삶을 무의미하게 만든다고 생각이 되시겠지만, 달리 생각해 보면 이제는 생각하고 의미를 부여하기 위하여 내일을 희생하는 것이 되니 그것이 무슨 의미가 있겠어요.
아버님, 이제 연세를 생각해 보면 모든 것을 정리해야 할 때가 아니겠습니까. 하루빨리 마음을 돌려서 남은 여생을 함께 살 희망을 가지면서 하루하루를 보내시면 얼마나 좋겠습니까.
다음 서신 드리고 이만 줄이겠어요. 송금 2만 원.

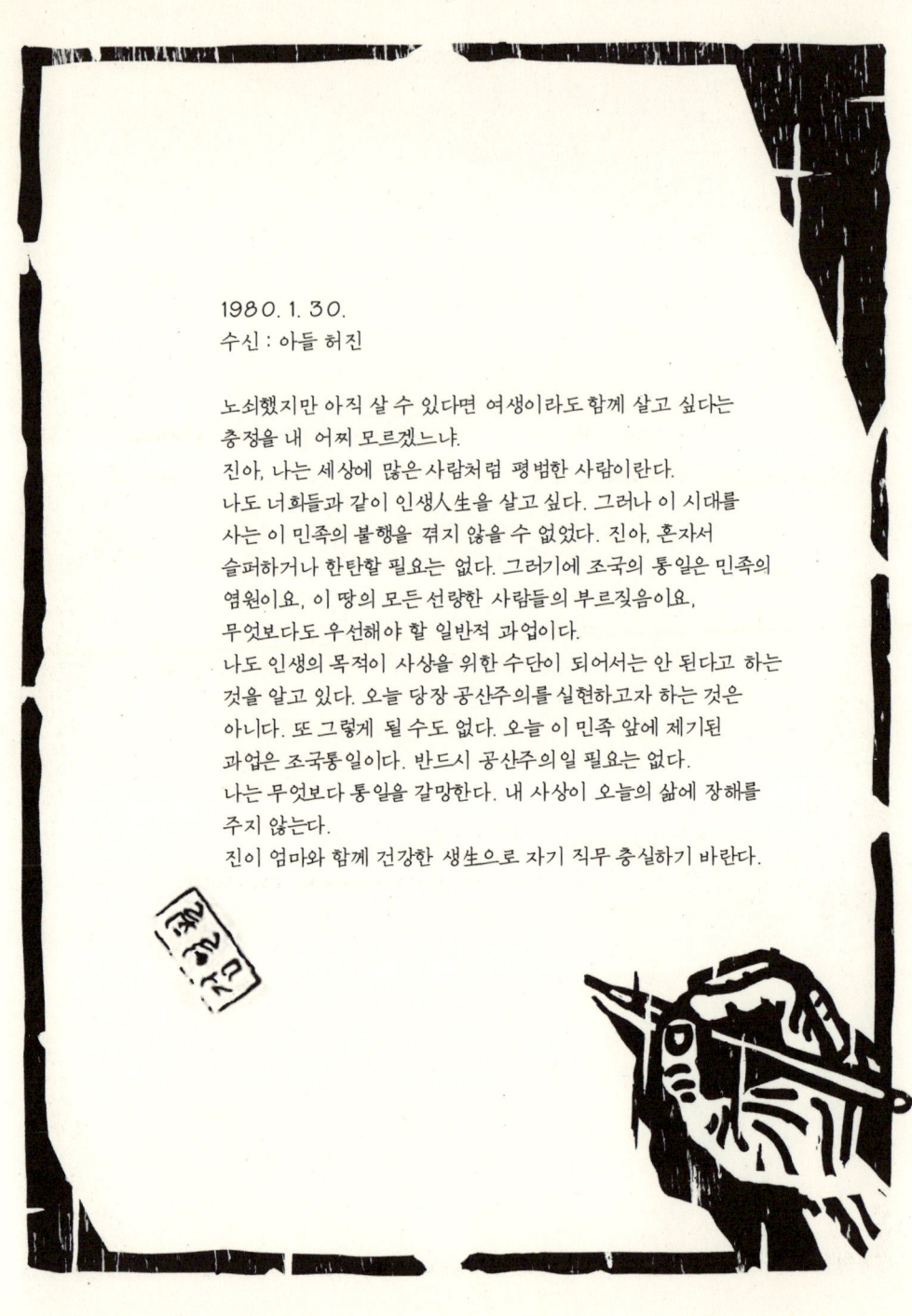

1980. 1. 30.
수신 : 아들 허진

노쇠했지만 아직 살 수 있다면 여생이라도 함께 살고 싶다는
충정을 내 어찌 모르겠느냐.
진아, 나는 세상에 많은 사람처럼 평범한 사람이란다.
나도 너희들과 같이 인생人生을 살고 싶다. 그러나 이 시대를
사는 이 민족의 불행을 겪지 않을 수 없었다. 진아, 혼자서
슬퍼하거나 한탄할 필요는 없다. 그러기에 조국의 통일은 민족의
염원이요, 이 땅의 모든 선량한 사람들의 부르짖음이요,
무엇보다도 우선해야 할 일반적 과업이다.
나도 인생의 목적이 사상을 위한 수단이 되어서는 안 된다고 하는
것을 알고 있다. 오늘 당장 공산주의를 실현하고자 하는 것은
아니다. 또 그렇게 될 수도 없다. 오늘 이 민족 앞에 제기된
과업은 조국통일이다. 반드시 공산주의일 필요는 없다.
나는 무엇보다 통일을 갈망한다. 내 사상이 오늘의 삶에 장해를
주지 않는다.
진이 엄마와 함께 건강한 생生으로 자기 직무 충실하기 바란다.

1980. 3. 27.
수신 : 아내 조경자

진이 어머니에게
진이도 건강하며 자기 직무에 충실한지요. 나는 별일 없습니다.
이달 31일에 집에를 갔다 오기로 될 것 같습니다. 아침 4시경 도착,
2시에 출발할 겁니다. 진이는 30일 일요일에 광주에 와 있다가 31일
월요일 같이 가도록 하면 좋겠습니다.
문자로 보고 싶습니다.

1980. 1. 20.
발신 : 아들 허진

결혼식은 1월 21일 이리에서 올리게 되었습니다.
돈 1만 원 우송합니다.

1982. 3. 22.
수신 : 아들 허진

너희 부부 생활이 건전하길 바라며 지난번 면회때 며느리를 보지
못해 섭섭하다. 아무쪼록 부탁한 서적이나 넣어 주길 바란다.

1982. 3. 26.
발신 : 자부 박연숙

아버님이 저희와 항상 같이 있음을 저희는 행복하게 여깁니다.
사진 1매 보내 드리며 수일 내 찾아뵙겠습니다.

1982. 8. 2.
수신 : 아들 허진

젊었을 때는 미래에서, 장년기는 현실에서, 늙어서는
추억에서 산다고 하더라. 보고 싶은 서적이나 보내라.

1983. 2. 28.
수신 : 아들 허진

35년 만에 (아기가) 출생하는 우리 가정에 축복이
깃든다. 이름은 원(源)이라 부르고 싶다. 다음에도
알려 주기 바라며 산후몸조리 잘하기 부탁한다.

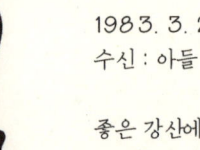

1983. 3. 28.
수신 : 아들 허진

좋은 강산에서 훌륭한 할머니를 가지고 태어난 너(손자 원)에게
축복하며 보낸다.
출산과 그동안 사정을 알고 싶구나. 사진 보내 주면 좋겠구나.

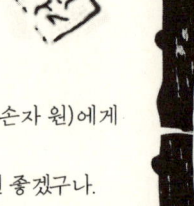

1986. 5. 28.
수신 : 아들 허진

나는 콘크리트와 철근이 엉키어 만들어진 건조물 작은 공간 속에서 산다. 생명 없는 희미한 회색 빛깔. 금속성 불협화음이 정적을 깨뜨리고 가끔씩 스쳐 가는 굳은 얼굴이 있을 뿐, 꽃 한 송이, 나무 한 그루 볼 수 없는 시간이 경과…. 이 편지 받는 즉시 소식 있기 바란다.

1987. 7. 16.
수신 : 아들 허진

각박한 세상 속에서 너희들과 같은 환경에 있는 사람들이 여러 가지 핍박 속에서 그것을 극복하지 못하고 자기를 포기하고 학대하며 삐뚤어지는 경우가 많은데 올바르고 성실하게 살아가고 있어서 고맙게 생각한다. 돈 2만 원 잘 받았다.

1988. 3. 5.
수신 : 아들 허진

나는 아가들의 천진한 모습을 보고 아가들 세대에서만은 현세대가 살고 있는 조국 분단의 민족적 불행과 불안하고 어두운 이 시대적 불행을 넘겨주지 말아야 되겠다고 생각한다.

1988. 4. 14.
수신 : 아들 허진

인간에게서 가장 기본적인 것은 진실성이라는 것이다.
다른 측면이 부족하고 부정적인 것이 있다고 해도 진실하고
성실하다면 부정적인 측면을 극복할 수 있을 것이다. 진실성이
결여된다면 무엇으로도 정당화할 수 없는 것이다.

1988. 5. 24.
수신 : 자부 박연숙

자부에게
아직도 끝을 모르는 옥고의 현실이 나를 옭아 놓고 있다.
이 고난을 잊기 위해 광활한 세계로 시계를 돌리려 한다.
40여 년을 홀로 사는 어머니, 30여 년을 옥중에서 고통을 당하는
아버지, 아버지의 얼굴도 모르고 자라서 지금은 청년기를 넘고
장년기를 맞이하는 아들. 이것이 오늘 어멈이 자리하고 있는
가정의 현실이라는 것을 알고 있겠지만, 역사 속에서 구체적인
삶을 자각할 때 참되게 삶의 의미를 파악하게 될 것이다.
사람은 항상 현재에 만족할 수 없는 것. 현재가 미래로 연결되어
다음 세대 원이, 찬이, 솔이가 현재보다 나은 삶이 될 수 있게
한다는 의의를 부여하고 살아가고 삶을 꾸며 나갔으면 하는 것이
나의 최대의 바람이다.

1988. 7. 8.
수신 : 아들 허진

시대적 상황과 역사 의식 속에서 삶에 대한 고민과 역사
앞에 책임을 느끼고 꽃 같은 젊음을 산화시켜 시대를
살아가는 모든 사람의 심금을 울리고 있다.

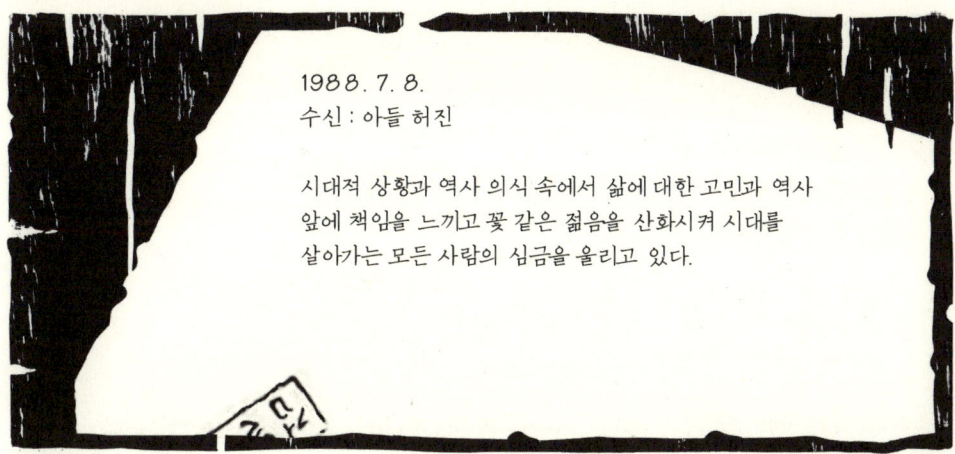

1988. 7. 30.
발신 : 자부 박연숙

김제 어머니는 건강이 퍽 좋으신 편이고 아범이 자주 가 뵙습니다.
저희에게는 계획이 있습니다. 부안으로 가서 하서를 지나
중계 부근에 야산을 사서 아담한 집을 지어 아버님을 모셔 오는
것입니다. 긴 세월 너무 허무하십니다. 이제 가정의 따뜻함과 함께
손주들의 재롱을 봐 주셔야지요.

1988. 10. 13.
수신 : 자부 박연숙

사진 동봉한 편지 잘 받았어요. 원이는 정서 발달이 빠른 것 같아요.
사진의 모습이나 여러면으로 감정을 표현하고 싶은 것
같은데 정서 교양에 주의를 기울여야겠어요.
일기 쓰는 법도 가르쳤으면 해요.

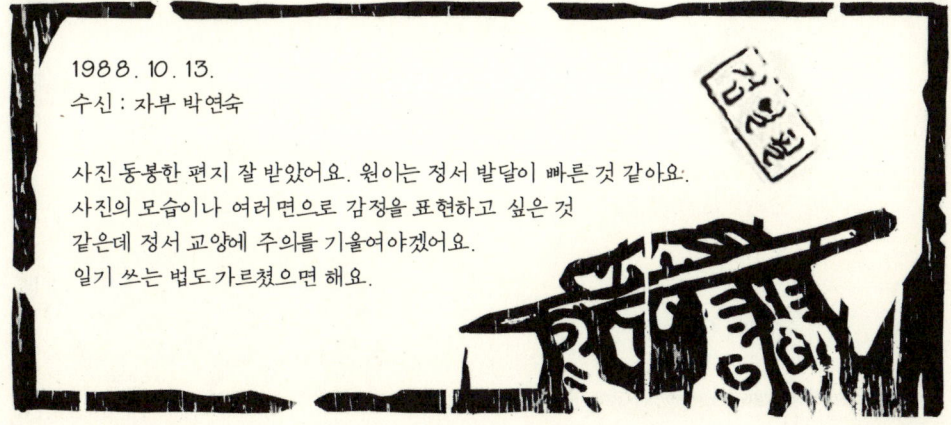

1989. 8. 23.
수신 : 친지 허종규

나는 1955년 7월부터 구금되어 구금 생활을 계속하고 있습니다.
인간이 가지는 적응력과 인내의 한계성이란, 개성의 차이는 있으나
진정 생각해도 놀랍습니다. 화장실을 합해서 한 평 정도의 공간에서
35년의 장시간을 독방 생활 해 왔습니다.
우리 가족은 모두 흩어져 있습니다. 처는 김제에, 딸은 미국에. 그래도 금년 추석에는
성묘 갈 것입니다. 좀 외롭지 않게 대해 주었으면 하는 바람입니다.

1989. 9. 6.
수신 : 친지 허동선

젊었을 때에 거닐던 고향 마을 산과 들의 모습들이 엊그제인 듯 눈에 어립니다.
살아서 단 한 번이라도 고향 땅을 밟아 보고 그 심정을 고향마을 사람들과
이야기하고픈 생각은 나이가 더해 감에 따라 더욱 더해 가는 것 같습니다.

1990. 11. 28.
수신 : 아내 조경자

우리 결혼한 지가 50년 가까워 오는데 단 한 해도 함께
살아 보지 못하고 한평생 고생하고 살아온 당신에 대해서
죄스러운 생각입니다.

【허영철 면회 기록】

1974. 8. 6. 면회자 아들 허진

1981. 1. 21. 면회자 아들 허진

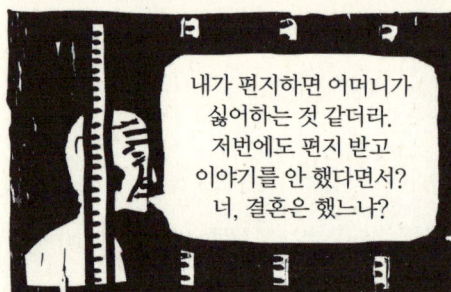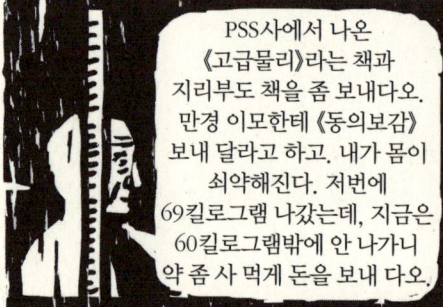

1981. 8. 11. 면회자 아들 허진

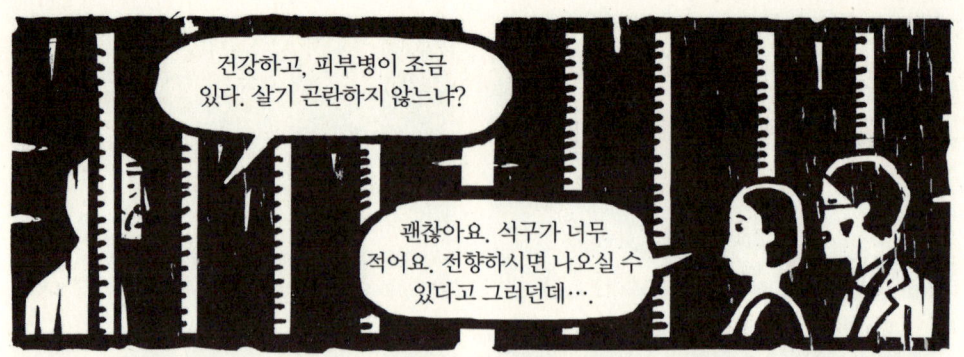

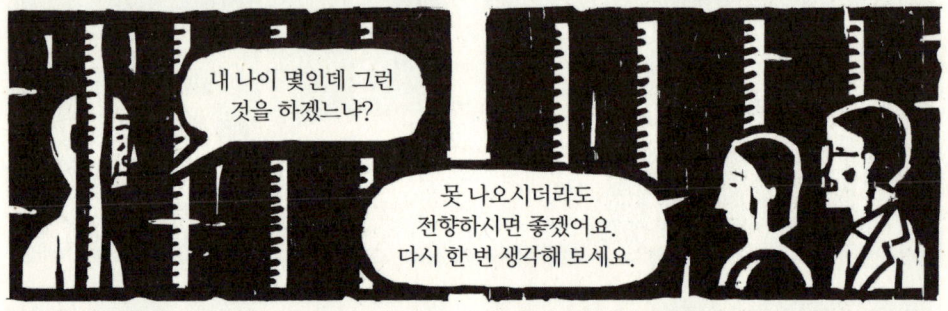

1990. 1. 8. 면회자 친지 허종규, 허춘

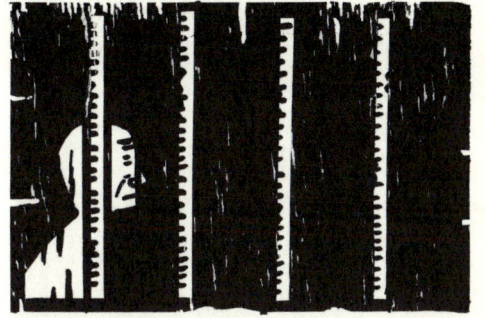

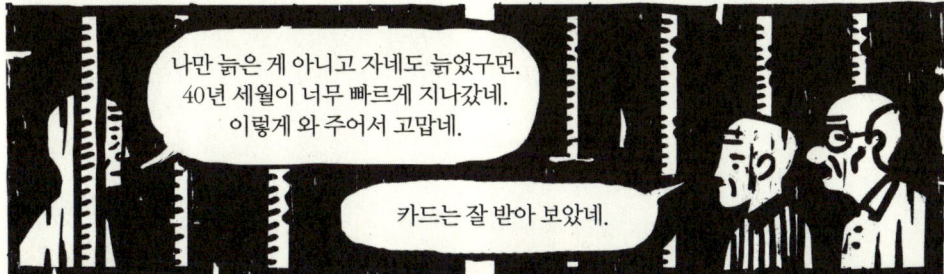

나만 늙은 게 아니고 자네도 늙었구먼. 40년 세월이 너무 빠르게 지나갔네. 이렇게 와 주어서 고맙네.

카드는 잘 받아 보았네.

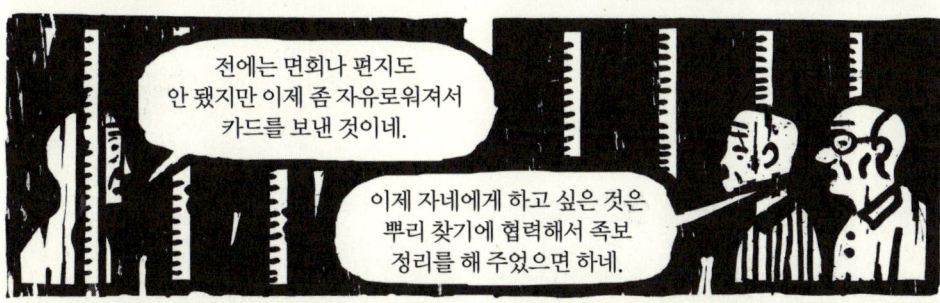

전에는 면회나 편지도 안 됐지만 이제 좀 자유로워져서 카드를 보낸 것이네.

이제 자네에게 하고 싶은 것은 뿌리 찾기에 협력해서 족보 정리를 해 주었으면 하네.

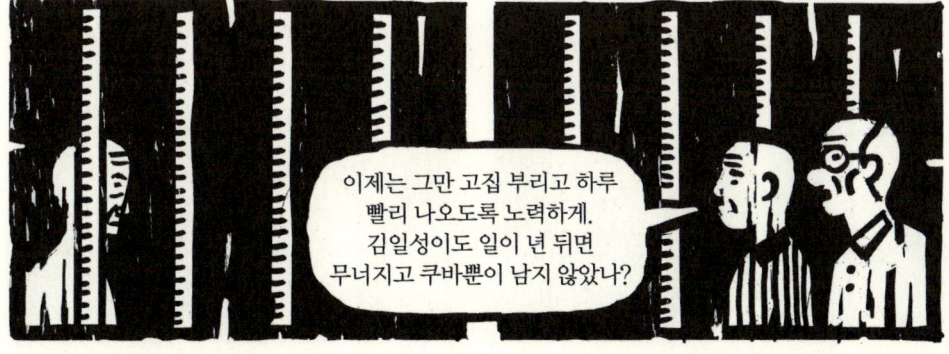

이제는 그만 고집 부리고 하루 빨리 나오도록 노력하게. 김일성이도 일이 년 뒤면 무너지고 쿠바뿐이 남지 않았나?

1990. 2. 24. 면회자 아들 허진, 자부 박연숙

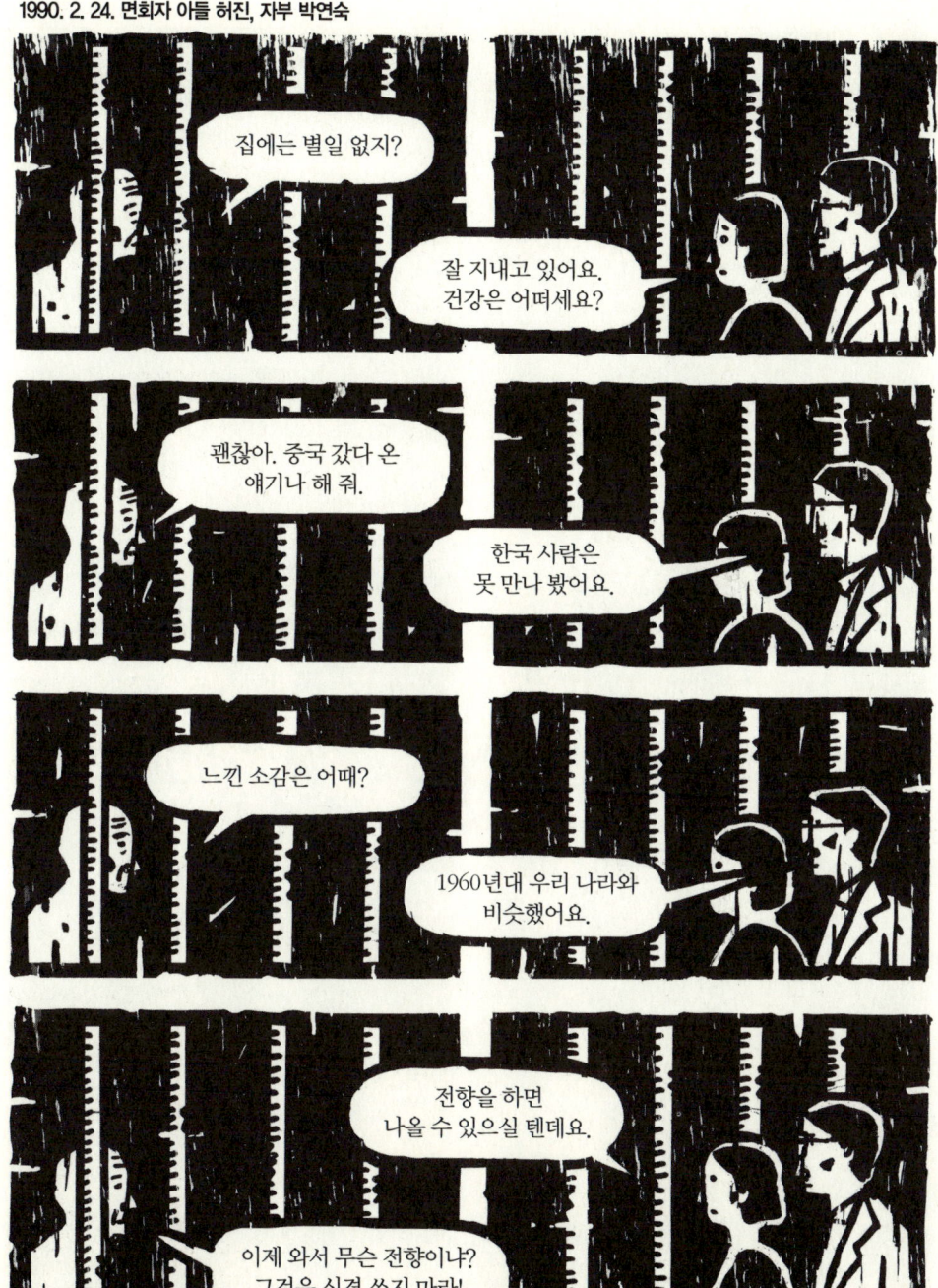

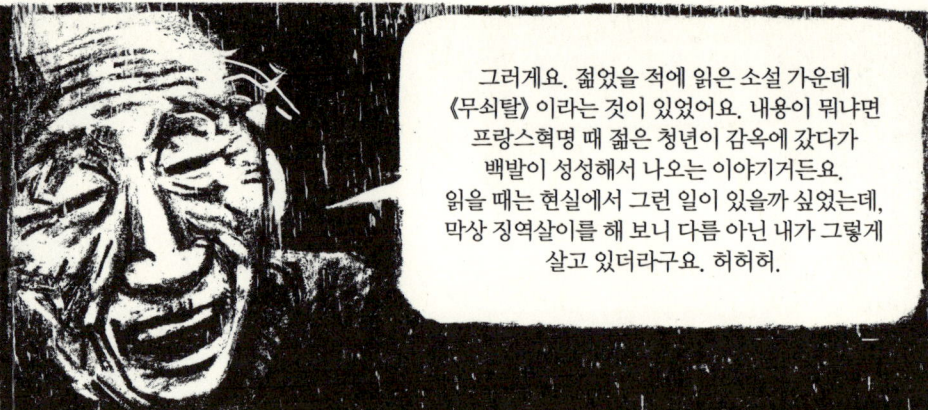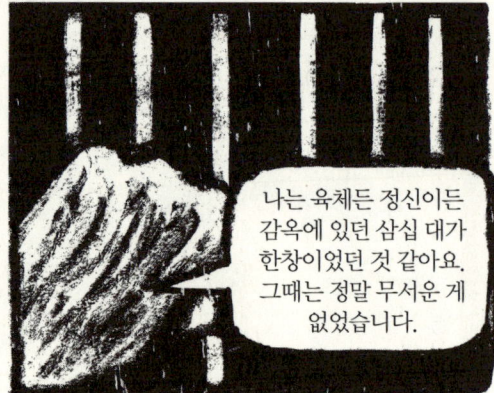

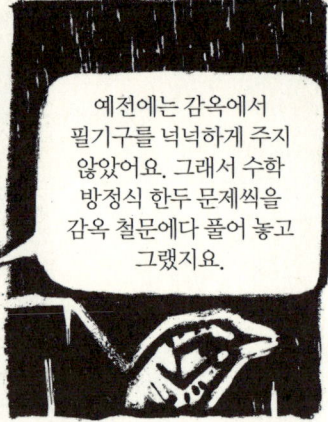

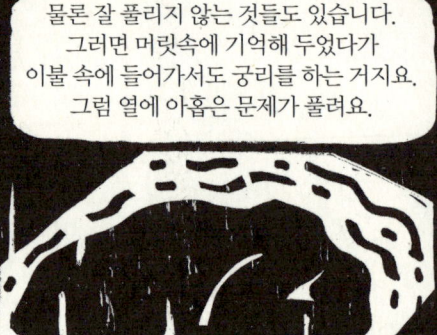

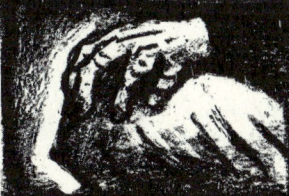

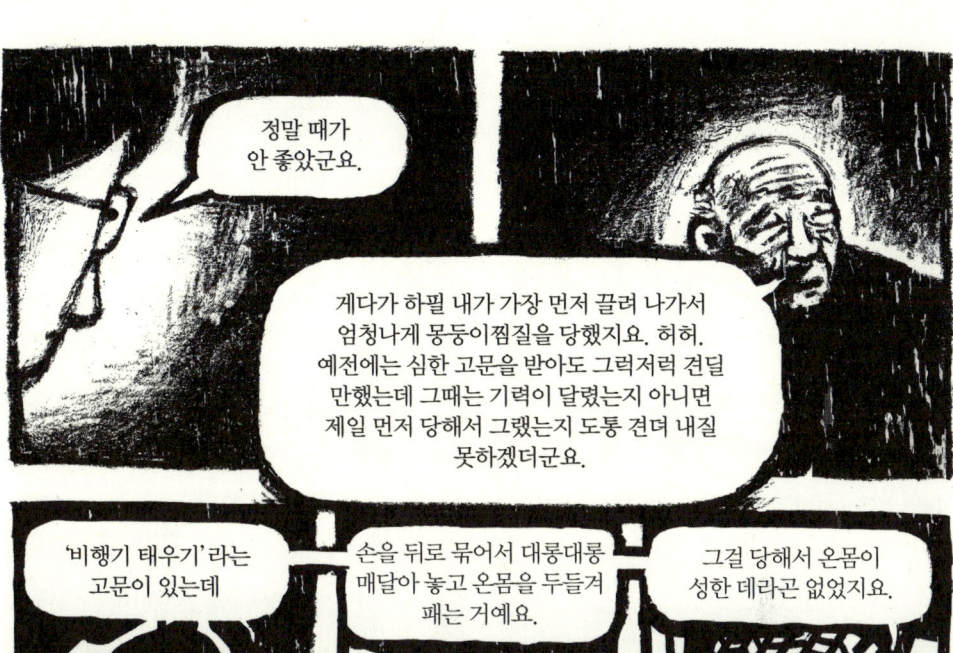

사람들이 마음 아파 했겠어요. 혼자서 대표로 너무 고생을 하셔서요.

예, 사람들이 울면서 약을 발라 줬어요. 그런데 막상 선동했던 사람은 본체만체해요. 그러면서 한다는 소리가 밥만 받아 놓고 안 먹으면 되지

왜 밥을 받지도 않아서 일을 크게 만드냐는 거예요. 가장 강력하게 선동하던 사람이 말이에요. 그 사람은 나중에 전향하고 나가 버렸어요,

사람은 그렇게 여러 가지 모습을 하고 나타난다 싶었어요.

이왕이면 좋은 모습을 보여 주었더라면 얼마나 좋았을까요.

허허허.

나는 세계관과 인생관이 일치한다고 생각해 왔는데 꼭 그렇지만은 않다는 생각을 하게 되었어요. 그 일이 있고 나서는 왠지 사람들에게 정이 잘 안 가더라구요.

왠지 서글프게 들리는 얘기군요. 하지만 그 안에도 낭만이 있고 웃음이 있다고 하셨잖아요. 실망과 좌절이 큰 만큼 따뜻한 이야기도 있지 않았을까요.

뭐랄까, 그 안에서는 아주 작은 것으로도 행복할 수가 있습니다. 이를테면 대전으로 이감갔을 때 내의 한 벌하고 얼마간의 돈을 받았어요.

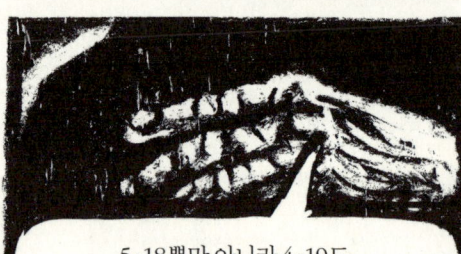

"중앙정보국에서 나와 내 옛날 재판 사건을 들먹이면서 계속해서 조사도 하고요."

"특별한 까닭이 있었나요?"

"그건 잘 모르겠어요. 아마도 당시 정세와 무관하지 않았을 거예요. 그때가 10·26사건과 12·12사태가 연이어 일어나면서 상황이 어떻게 될지 알 수 없었으니까요."

"정말이지 한 치 앞을 모르는 폭풍 같은 순간이었지요."

"상황을 예측할 수도 없었지만, 여전히 데모는 광범위하게 일어나고 있다고 들었어요. 서울에서는 하루에 10만 명이 시위에 참여했다고 했으니까요."

"그래서 주의 깊은 사람들은 조심스럽게 경계하기도 했어요. 저렇게 많은 대중들이 참여할수록 나중에 어떤 일이 있을지 모른다면서 말이에요."

"그러면서 점차 서울 쪽에서 데모 열기가 많이 수그러들기 시작했는데, 광주 쪽에서는 그렇지 않았다고 들었지요."

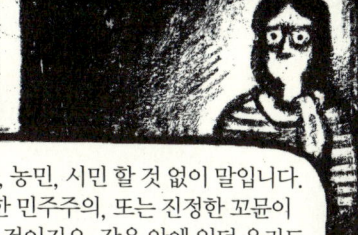

"예, 훨씬 전부터 광주 시위 소식들을 접했어요. 5·18 전에 광주는 한동안 진공상태였지요. 그때 광주 시민들이 광장에 모여서 토론하는 모습을 자주 볼 수 있었다고 하더군요."

"노동자, 농민, 시민 할 것 없이 말입니다. 진정한 민주주의, 또는 진정한 꼬뮨이 실현된 것이지요. 감옥 안에 있던 우리도 그 모습에 환호했을 정도니까요."

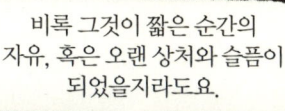

"비록 그것이 짧은 순간의 자유, 혹은 오랜 상처와 슬픔이 되었을지라도요."

"한편으로는 걱정도 했어요. 이 투쟁이 전국으로 퍼지지 못하고 광주에서만 고립된다면 곤란할 게 분명하니까요. 어찌 됐건 그때 아주 재미있고 흥분됐습니다. 감옥에 있었던 사람들은 모두 시인이 되다시피 했으니까요."

"꽃잎처럼 뿌려진 붉은 피, 민중의 도저한 물결이 타올랐던 5월의 어느 하루, 찬란한 자유의 함성, 그런 거요?"

"허허. 여하튼 광주 시민들을 영웅으로 삼아 시상을 떠올렸지요. 그런데 마지막에는 투쟁이 고립되었다는 것을 알게 되었어요. 또 광주 시민들이 화순이나 다른 주변 지역을 점령해서 무기를 장악하기도 했다던데, 그렇게 놔두는 것이 어딘가 미심쩍기도 했고요."

"한편으로는 광주 시민들이 형무소를 해방하러 온다는 얘기도 들렸는데, 그 이야기를 듣자 심정이 꽤나 복잡해졌어요."

"프랑스혁명 때에 바스티유 감옥을 향했던 민중들과 비슷한 느낌이 아니었을까요."

"그런 것만도 아니에요. 어쨌거나 나는 감옥 안에 있는 상황이고, 사실 감옥 문이 열리면 누구나 다 밖으로 뛰쳐나갔겠죠."

"거기에 맞서 싸워 나갈 대안이 과연 뭐가 있을까 하는 생각이 들었어요. 딱히 나갈 길이 밝았던 것도 아닌데 말입니다."

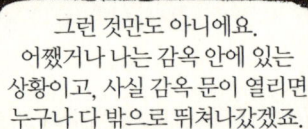
"하지만 광주를 벗어나면 다른 퇴로가 있는 것도 아니고, 국가권력은 어쨌거나 저들이 틀어쥐고 있는데"

"그렇지만 형무소가 해방됐다는데 거기에 계속 머물러 있는 것도 우습지 않겠어요."

"결국 그 고민은 실천될 수 없었지요. 곧이어 가혹한 탄압이 시작되었으니까요."

"그래요. 5월 20일이 지나자 차츰 상황이 달라지기 시작했지요. 비행기에서 삐라를 뿌리는데 "광주는 포위됐다. 투항하라!"는 거였대요. 그리고 나서 얼마 뒤에 광주시가 진압됐지요."

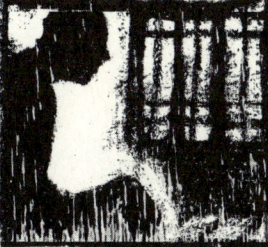

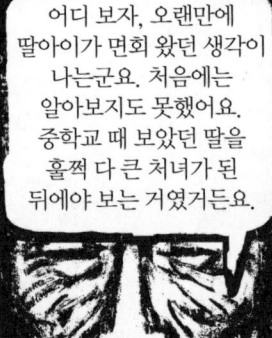

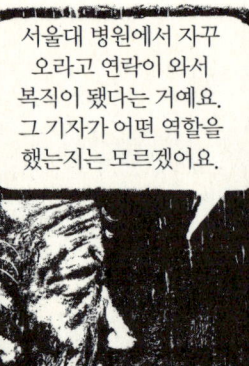

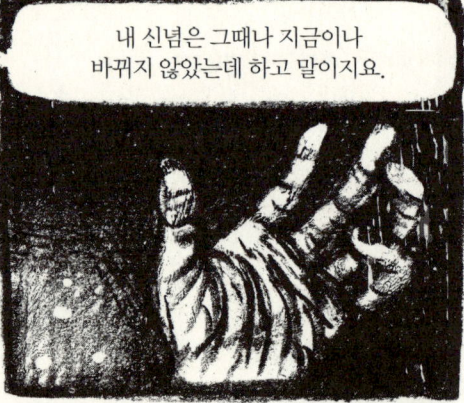

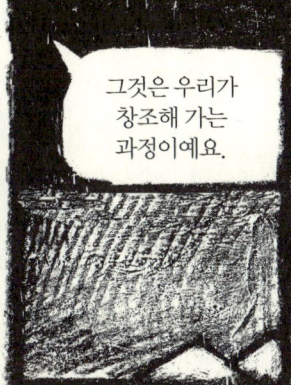

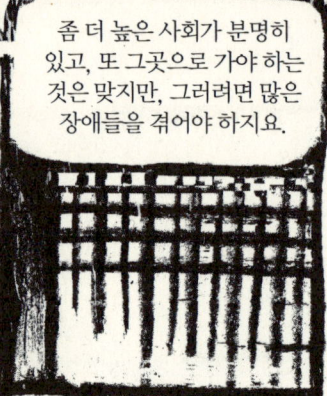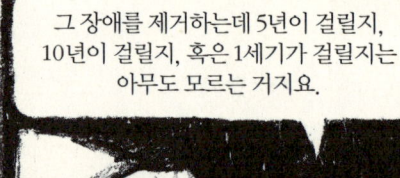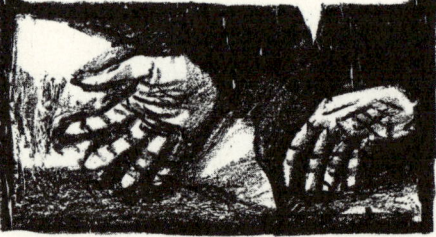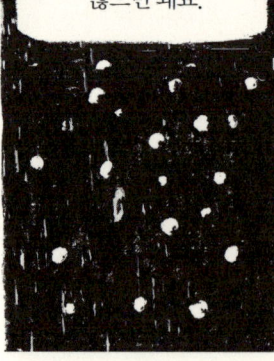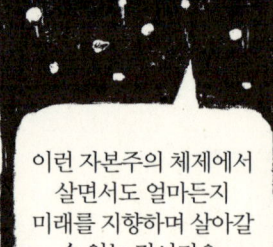

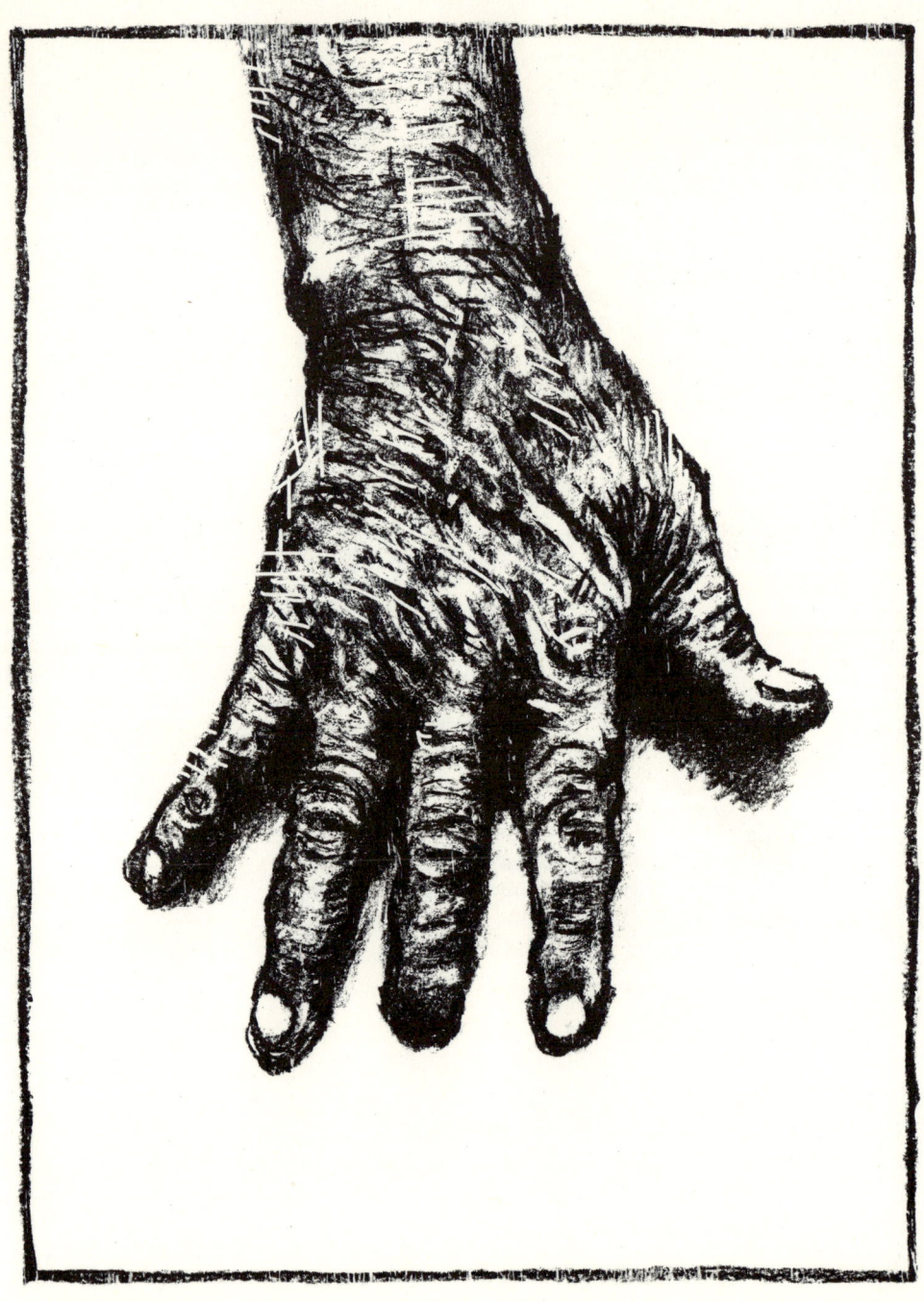

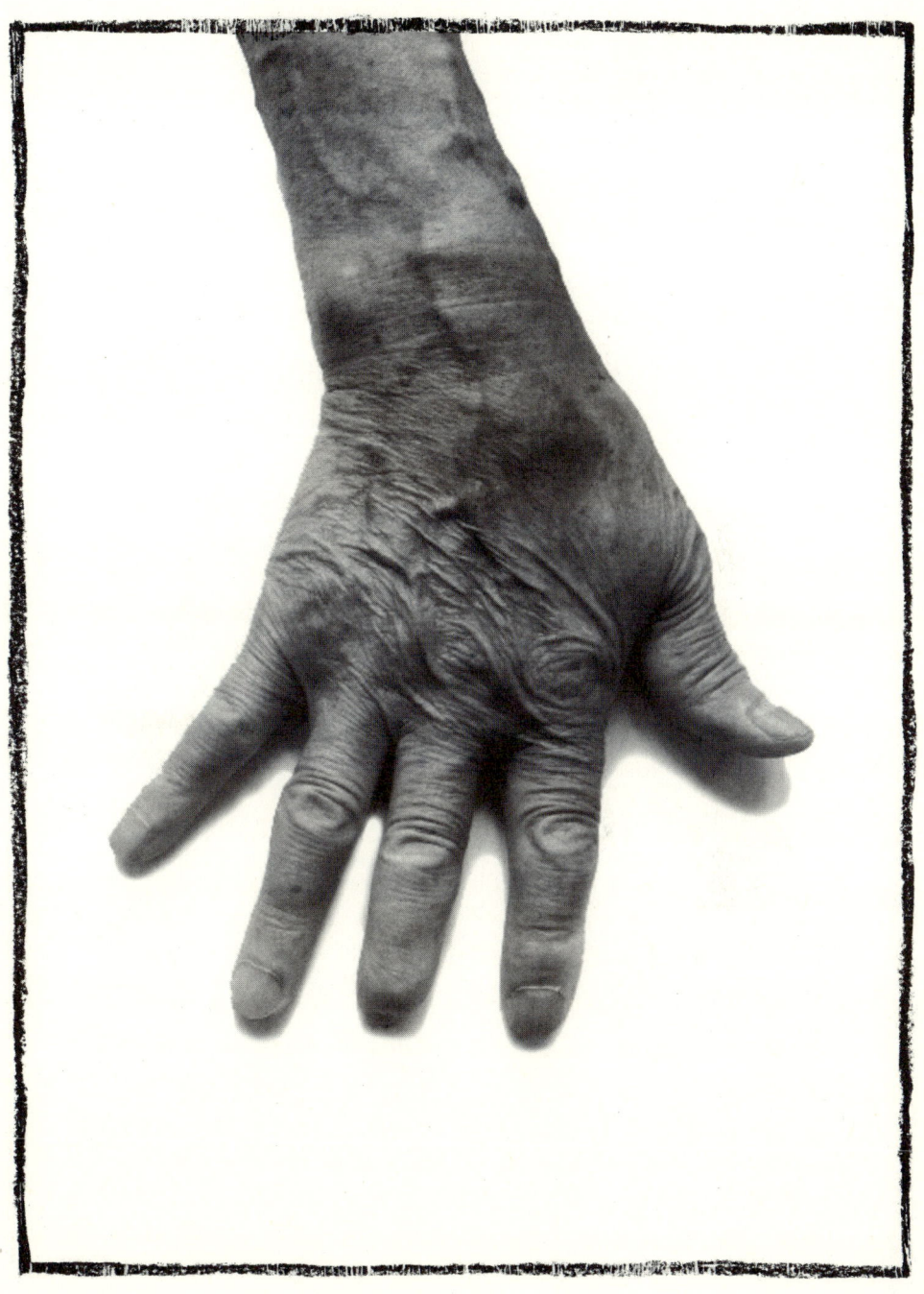

작가의 말

잊혀진 기억에서 시작된 낯선 대화

1991년 이야기를 해 볼까 합니다. 이상하게도 그해 봄날은 따스한 기억이 별로 없습니다. 무척 뜨거웠던 걸로 기억합니다. 대학 신입생으로서 낭만과 자유로운 세상을 느끼기도 전에 강경대라는 한 친구의 죽음을 목격했기 때문입니다. 그것은 마치 잔잔한 내 머리 속에 던져진 돌멩이 같은 것이었지요. 그 뒤로 믿기지 않을 만큼 수많은 사람들이 죽어 갔고, 많은 사람들이 눈물을 흘리며 거리를 뛰어다녔습니다. 백골단의 몽둥이에 맞고, 군홧발에 밟히며 말입니다. 나는 지금껏 그 나날들을 매캐한 최루 연기들이 뒤덮는 하얀 밤으로 기억하고 있습니다.

그리고, 세상을 보는 눈이 크게 달라졌습니다. 책 속에서만 보아 왔던 사회 억압과 구조, 독재 권력과 항쟁, 열사, 이런 단어들이 어느덧 마음 한구석을 채워 가기 시작했던 것이지요. 그것은 내가 일찍이 동경하고 기대했던 포근한 대학 생활과는 거리가 먼, 현실에 대한 뜨거움이었습니다. 그리고 세상을 이해하는 만큼 왠지 모를 두려움도 커졌습니다.

그 뒤로 20년의 시간이 흘렀고, 만화가가 되었습니다. 하루는 보리출판사 윤구병 선생님께서 연락을 하셨습니다. 만화로 옮기면 좋을 이야기가 있다고 하시며 책을 하나 건네셨습니다.《역사는 한 번도 나를 비껴가지 않았다》라는 어느 비전향 장기수 선생님의 수기였습니다. 자신이 걸어간 길을 담담히 그려 낸 그 책은 우리가 알지 못했던, 그리고 알 수 없었던 반세기 역사의 낯선 숨결이었습니다. 몇 달이 지나 허영철 선생님을 찾아뵙고 이야기를 나누다가 나는 한 가지 사실을 알게 되었습니다. 1991년 2월 25일, 선생님은 '국가보안법 위반 및 간첩 미수'로 무기징역을 선고 받고 무려 36년을 감옥에서 살고 나왔습니다. 내가 대학에 들어갔던 같은 해 봄날에 말입니다.

말이 36년이지, 내가 살아온 시간의 전부라고 생각하면 쉽게 상상이 되지 않았습니다. 누군가 대학에 들어가서 해방감을 느낄 때, 다른 누군가는 세상에 나오며 해방감을 느꼈을 겁니다. 그렇지만 그 의미는 너무나 다른 것이었습니다. 그 뒤 기억을 더듬어 보니, 대학 시절 내내 쫓아다녔던 통일집회와 여러 시국대회에서 선생님과 나는 함께하고 있었습니다. 그때는 전혀 몰랐지만요. 이십 년이 지난 뒤에 새롭게 발견한 시간과 공간은 묘한 흥분을 불러일으켰습니다. 기억의 조각을 맞추고 과거에서 데리고 오는 것. 그리하여, 잊혀진 기억에서 낯선 대화를 시작하게 되었습니다.

작업은 더디게 진행되었고 때로는 여러 일들 때문에 중단되기도 했습니다. 작업하는 동안 선생님은 가끔 서울에 오시면 연락을 하시곤 했습니다. 그때마다 인천에 사시는 장기수 동지 박정평 선생님과 함께 불편한 몸을 마다 않고 부천까지 오셔서 지나간 이야기들을 더듬으며 책의 내용들을 상세히 설명해 주셨습니다. 선생님은 오래된 기억들도 마치 앨범을 넘기듯 하나하나 기억하고 있었습니다. 보통 사람들은 십 년 전 일도 희미한데, 사람 이름이나 지명까지도 정확히 기억해 내셨습니다.

가만히 생각해 보면, 선생님은 항상 사람을 먼저 떠올리고 그 뒤에 상황을 정리하셨습니다. 기억의 힘은 바로 사람에 대한 사랑에서 비롯된 게 아닌가 싶었습니다. 또한 간간히 웃음을 주체할 수 없었던 그 표정은 우리가 일찍이 흉악한 빨갱이라고 들어 왔던 사람의 모습이라고는 믿기지 않을 만큼 정말 순수했습니다.

선생님은 어린 시절부터 젊을 때까지 찍은 사진을 가지고 있지 않다고 합니다. 신상이 알려지는 것을 두려워해 가족들이 전부 없애 버렸기 때문이었지요. 결국 눈에 보이는 것은 없었습니다. 그럼 무엇이 남아 있었던 것일까요? 다시 한 번 사람의 기억에 대해 생각해 보았습니다. 모든 것이 사라지고 오로지 사람의 기억만이 남아 있었던 것이지요. 그리고 기억 속에서 이야기가 하나하나 공중으로 흩어지면, 나는 그 흩어진 눈에 보이지 않는 조각들을 담아 눈에 보이게 만드는 일을 하고 있다는 생각이 들었습니다. 그 일은 매우 의미 있고 흥미로운 작업이었습니다. 사람의 기억이란 무릇 과거 속에서만 존재하는 것이 아닌, 현재에서도 끊임없이 만들어지고 해석이 되어야만 새로운 생명을 얻을 수 있다는 사실을 느꼈습니다. 그리고, 생명을 얻은 기억은 역사라는 이름으로 새롭게 다가왔습니다.

만화《꽃》을 그릴 때는 '내가 알고 있는 역사의 단상은 지극히 추상적이며 손에 잡히지 않는 무엇'이라고 생각했습니다. 직접 겪어 보지 못한 시대를 이해하기 쉽지 않았고, 역사를 책으로만 접하게 된 한계라고 여겼습니다. 그래서 이번 작업은 많은 의미를 가지고 있었습니다. 과거에는 하지 못했던 비전향 장기수의 이야기에 살을 정교하게 붙이는 작업이 자연스럽게 이뤄졌습니다. 책으로만 보아 왔던 역사가 한 사람의 삶 속에서 생생하게 살아났습니다. 더불어 한 사람이 걸어온 삶과 우리 역사의 굵직한 사건들이 서로 밀접하게 맞닿아 있다는 사실이 놀랍기도 했습니다.

예전부터 우리의 근현대사는 송두리째 사라진, 흡사 구덩이와도 같은 느낌을 받았습니다. 무엇이 두려워서일까요? 우리 역사는 권력자의 시각에서만 쓰여지고 더러는 많은 것이 생략되어 민중의 시각이 사라지고 가려진 사건들이 많았습니다. 사라진 역사의 중심에서 선생님이 겪었던 이야기들은 권력자의 시각도 지식인의 시각도 아니었습니다. 그것은 깨우치는 노동자의 이야기, 일하는 혁명가의 이야기였습니다. "그때는 다들 그렇게 살았다"고 말씀하시는 평범함 속에는 민중의 시각으로 다시 쓰여진 우리의 역사가 보였습니다.

《역사는 한 번도 나를 비껴가지 않았다》서문에서 윤구병 선생님이 '좋은 글이란 불편한 글'이라고 말씀하신 것이 생각이 납니다. 이 만화 역시 불편한 글을 바탕으로 만든 것이기에 보는 이들에게 불편함을 줄지도 모르겠습니다. 적어도 분단 이후 수십 년 동안 반공이 국가 이념이었던 대한민국 평균 국민이면 말입니다. 아마도 그것은 우리가 상식으로 알고 있는 것과 정반대의 시선으로 세상을 바라보기 때문이겠지요. 저 역시 잠시라도 받아들이기 쉽지 않은 이야기들을 보며 불편함을 느끼지 않았다면 거짓이겠지요. 그러던 중에 이것은 무엇이 옳고 그르냐에 대한 문제가 아니라 생각이 다른 문제라고 판단했습니다. 생각이 다르다는 것은 세상을 다양하게 본다는 것을 의미하는 것이며, 우리와 다르게 살아온 한 사람을 그 사람이 살아온 삶 그 자체로 인정하고 역사의 기록으로 받아들여야 한다는 생각이 들었습니다. 적어도 이 땅이 사상의 자유가 보장되고 서로 다른 생각들이 공존하며 자유롭게 사는 민주주의 사회라면 말이지요.

이 작업이 진행되는 동안 늘 관심과 격려를 보내주신 윤구병 선생님, 여러 조언을 아끼지 않았던 용심 씨, 아버지, 어머니, 사랑하는 가족들, 항상 곁에서 믿음을 준 나의 사랑하는 아내 소림에게 고마움을 전합니다. 이 글을 쓰는 와중에도 허영철 선생님께서 건강이 많이 안 좋아지셨다는 소식을 들었습니다. 이 책을 선생님 두 손에 온전히 전할 수 있기를 바라며, 질곡 많은 삶을 이겨 오신 만큼 부디 건강하시기를 기원합니다.

역사는 우리 기억에서 새롭게 태어나 생명을 얻는다고 믿습니다. 그리고 그 생명은 또 하나의 희망의 역사를 낳을 것입니다.

이 책을 읽으시고 기억해 주셔서 감사드립니다.

2010년 풀이 돋아나는 날에 박건웅

추천하는 말

만화, 작고 무거운 목소리를 새기다

　코믹하지도 않으며, 시간 때우기도 아니다. 하지만 명확히 '만화'이며, 만화의 지평을 넓히고 있다. 이는 주인공의 삶이 우리 삶의 지평을 넓혀주는 것과 같다. 근래에 '나는 공산주의자'라고 단언하는 사람을 본 적이 있는가? 사전이나 역사책에서나 만날 수 있는 단어를 실지로 사용하는 사람을 보게 되다니, 이만해도 놀랍다. 원칙이 중요한 걸 누가 모르랴. 잘 지키기 힘드니 원칙이라고 변명해 왔다. 그러나, 이 주인공의 삶과 대면한 순간, 변명들은 부끄럽기만 하다. 한 칸, 한 페이지, 어느 것 하나 쉽게 넘어가지 못할 것이다. 그래, 가벼운 만화들이 판치는 세상에서, 이렇게 무거운 내가 바로 '만화다'라고 외치는구나. 한 칸, 한 페이지, 한 장, 무겁다. 정말 무겁다. 하지만 무겁지 않고 어찌 시건방진 우리의 지평을 넓혀줄 수 있을까. 이 압도적인 묵직함 앞에 형식적 탐구를 할 엄두도 못 내겠다. 단지, 만화가의 굵은 손마디에 감사할 뿐이다.

한상정 만화평론가

이 책을 읽고 세 번 충격을 받았다

먼저 이념 갈등과 외세에 의해 갈가리 찢기고 엉클어져 실체조차 가늠하기 어려운 한반도의 현대사가 한 개인의 삶 속에 생생하게 투영되어 있다는 사실에 놀라게 된다. 남과 북을 넘나들며 역사의 중심에서 온몸으로 역사를 살아온 주인공의 인생 역정이 특이하고도 큰 스케일을 가지고 있기 때문일 것이다.

둘째는 반복되는 역사의 질곡과 긴 시간 고통스러운 감옥 생활을 주인공이 어떻게 자신의 의지를 꺾지 않고 버티어 냈는지, 그러면서도 어떻게 웃는 얼굴을 잃지 않을 수 있었는지, 그 끈질긴 생명력의 원천은 무엇인지에 대한 경이감이다. 그리고 그 경이감은 결국 나는 누구인가, 인간은 무엇으로 사는가 하는 다소 골치 아픈 철학적 질문으로 이어질 수밖에 없다.

마지막으로 이토록 복잡하고, 골치 아픈 이야기를 만화로 꾸밀 생각을 해내고 끝내 완성시킨 작가와 출판사의 엉뚱한 발상에 대해서다. 주인공의 구술과 역사 사실에 충실하다 보니 만화치곤 다소 딱딱해진 느낌은 있지만 수천 컷에 달하는 판화 형식과 입체 구성으로 '고품위 다큐만화'를 탄생시킨 용기와 노고에 감사와 축하를 전하고 싶다.

김동원 '송환' 감독

평화 발자국 14

어느 혁명가의 삶 1920~2010

2010년 5월 1일 1판 1쇄 펴냄
2015년 2월 2일 2판 1쇄 펴냄

만화 박건웅 | **원작** 허영철

편집 김로미, 박세미, 유문숙, 이경희, 조성우 | **본문 디자인** 샘솟다 | **표지 디자인** 이종희
제작 심준엽 | **영업·홍보** 백봉현, 안명선, 양병희, 이옥한, 정영지, 조병범, 최민용
경영 지원 임혜정, 전범준, 한선희
인쇄와 제본 (주)상지사 P&B

펴낸이 윤구병 | **펴낸 곳** (주)도서출판 보리 | **출판 등록** 1991년 8월 6일 제 9-279호
주소 413-120 경기도 파주시 직지길 492 | **전화** 031-955-3535 | **전송** 031-950-9501
누리집 www.boribook.com | **전자 우편** bori@boribook.com

ⓒ 박건웅·허진, 2015

이 책의 내용을 쓰고자 할 때는, 저작권자와 출판사의 허락을 받아야 합니다.
잘못된 책은 바꾸어 드립니다. 값은 뒤표지에 표시되어 있습니다.

보리는 나무 한 그루를 베어 낼 가치가 있는지 생각하며 책을 만듭니다.

ISBN 978-89-8428-865-2 07300

이 도서의 국립중앙도서관 출판예정도서목록(CIP)은 e-CIP 서지정보유통지원시스템 홈페이지
(http://seoji.nl.go.kt)와 국가자료공동목록시스템(http://www.nl.go.kr/kolisnet)에서 이용하실 수 있습니다.
CIP 제어 번호: (CIP2015000881)